# 帝国対民主国家の最終戦争が始まる

［三橋貴明の地政経済学］

三橋貴明
Takaaki Mitsuhashi

ビジネス社

# はじめに　なぜ今「文明」を知らなければならないのか

現在の日本は、誇張なく「史上最悪の危機」の最中にある。

中国共産党という怪物に支配された中華人民共和国が、一帯一路、中国製造２０２５といった、中華帝国の冊封《さくほう》体制を復活させ、人民解放軍を世界最強と化すための国家戦略を着々と進めていっている。それに対し、アメリカをはじめ世界各国は危機感を抱き、米中貿易戦争が勃《ぼっ》発《ぱっ》。欧州、特に親中色が著しかったドイツまでもが、対中警戒態勢に入った。東南アジアは、マレーシアを筆頭に、中国の「新・帝国主義」たる一帯一路に反発。世界は、中国主導のアンフェアなグローバリズム、すなわち「チャイナ・グローバリズム」に対し、戦いを挑もうとしているのである。

それにもかかわらず、我が国では一帯一路や中国製造２０２５に対し、

「日本企業のビジネスチャンスになる」

といった報道しかなされない。日本国の防衛安全保障を脅かす、中国の脅威に関する言論は

乏しく、全てが「カネになるか、否か」という、さもしい価値観で語られてしまう。

理由は、我が国が大東亜戦争敗北後、横軸のナショナリズム（経世済民《けいせいさいみん》）と縦軸のナショナリズム（歴史）の双方を、人為的に破壊されてきたためだ。国家とは何か、歴史とは何か、経済とは何かについて、無知蒙昧《もうまい》なグローバリズムの奴隷たち、つまりは日本国民であるが、防衛安全保障を無視し、

「一帯一路？　中国製造２０２５？　カネになるのか⁉」

といった矮小《わいしょう》な思考しかできず、日本国は亡国に向かいひた走っている。

日本国の亡国を回避するためには、まずは縦軸のナショナリズムを取り戻す必要がある。すなわち、歴史を知るのだ。

無論、日本の歴史を知るだけでは不十分である。世界は、特に文明の中心たるユーラシア島の人々、国々はいかなる歴史を歩んできたのか。そして、彼ら大多数の人類と、我々日本人の違いは何なのか。事実を知ることなしに、問題を解決することはできない
というわけで、本書は数千年前、人類が〝遊牧〟を始めた時代から話が始まる。

文明について、知ってほしい。

はじめに　なぜ今「文明」を知らなければならないのか　2

第一章　遊牧民と封建制

タンパク質と文明　14
タンパク質の摂取方法が文明を作る　14
日本人の腸内にしかいない細菌　16

ユーラシア・ステップ　19
世界史は「牧畜」文明が動かす　19
ユーラシア・ステップの遊牧民の衝撃　22
遊牧民の家畜管理技術が「奴隷制」を生んだ　24
同一視される日本と英国の決定的な差違　28
日本人が一神教を絶対に理解できない理由　30

## モンゴル帝国のグローバリズム 32

なぜ遊牧民は「国家」を必要としたのか 32
モンゴル帝国のグローバリズム 34
大モンゴル帝国を引き継いだ４つの帝国 38

## モンゴルの婿たち 41

ホンタイジと大清帝国 41
「タタールのくびき」から脱却したロシア帝国 42
ティムール帝国からムガル帝国へ 46
イスラム化した遊牧民国家・オスマン帝国 49
「パクス・モンゴリカ」崩壊と皇帝制 50

## 文明の生態史観 52

「西洋」「東洋」の区分ではない「中洋」を提唱した梅棹忠夫 52
今の国際情勢がよく分かる「第一地域」と「第二地域」 56

封建制度と資本主義、民主主義 59
産業社会を生み出した「封建的秩序」 59
「元寇」の真実 61
「自分の土地」だから命を捨てられる 64
江戸幕藩体制の恩恵 67
産業革命も封建制が引き起こした 71
権力を分散する「議会」の誕生 73
善悪ではなく他国との「違い」を認識せよ 76

## 第二章 帝国の復活

民主主義とナショナリズム 80
民主主義の土台にあるナショナリズム 80
日本人のナショナリズムを破壊したGHQ 82

国家があるから「自由」もある　85
中国人の高額医療費を負担できるのか　87

## 第二地域の帝国諸国　89

皇帝が絶対的権力を掌握するのが「第二地域」　89
中国が民主化できない本当の理由　92
「独裁」に突き進む中国、ロシア、トルコ　95
「権威主義」とは何か　98

## グローバリズムと帝国　101

日本人は「縄文人」を祖先とする単一民族　101
「琉球王国は中国の属国」は嘘　103
グローバリズム、変遷の歴史　107
「中国依存」は中華帝国の冊封体制　114

権威主義諸国の優位 119
「言論統制」と「歴史捏造」の強み 119
「権威主義国家」の台頭 121
正しい「財政政策」をとる中国、とれない日本 123
このまま日本は中国の「属国」になるのか 125

# 第三章 チャイナ・グローバリズム

ナチスと中国共産党 130
「全体主義」の恐怖 130
経済を成り立たせる5つの要素 134
他国を管理・支配するのが得意なイギリス 136
ナチスより凶悪なのが中国共産党 139

## 世界の属国化を図る中国　143


2人の独裁者、毛沢東と鄧小平　143
習近平の野望　145
新シルクロード構想をぶち上げたのはヒラリー・クリントン　149
世界の「属国化」がねらいの一帯一路　152
グローバリズムの恩恵を受けた中共　155
中国人に買収された土地は静岡県の面積に匹敵　158
入学生の9割が中国人という高校も出現　160
「チャイナ・グローバリズム」を食い止めたマレーシアの英断　162
長期的な中国の国家戦略　164
「モンスター」中国を育てたのは西側先進国　167
真の「経済力」とは何か　170

# 第四章

# 反撃のナショナリズム

グローバリズムの本質 174
1%だけに有利な米国の「企業型民主主義」 174
中国のロビー活動と政治家との癒着 175
「敗者切り捨て」のシステム 178
中国に「生産力」を奪われた日本 181
日本のGDPは韓国に近づいている 184
「研究費」削減して国を滅ぼす 187
ドナルド・トランプ 188
トランプが復活させた「民主主義」 188
メディアがたたく「リアル」なナヴァロの対中戦略 190
中国+グローバリスト+メディア「最悪のトライアングル」 193
トランプを見誤った中国とグローバリスト 197

「中国製造2025」のねらい撃ち　199
「自由貿易」推進が「挑戦国」を生み出す　202
ナショナリズムを訴えることで「選挙に勝てる」時代　204
トランプの「対中警戒論」は世界に広がる　206
「一帯一路」も座礁　211
対中認識のヨーロッパと日本の落差　214
親中国も反発するアジア　217

## 終章

# 伝統と皇統

両軸のナショナリズム　224
空気が読めない三菱電機は日本の象徴　224
「災害大国」だからこそ「健全なナショナリズム」を生む　225
中国にナショナリズムはない　229
「横」と「縦」、2つのナショナリズム　231

「経済」と「歴史」を取り戻せ 232
「神話を忘れた民族は100年以内に滅び去る」 235
バークが説く「保守思想」の真髄 240
マックス・ウェーバーの3つの支配 243
自然に起きた権威と権力の分離 246
男系維持に苦悩した先人たち 251
側室があった時代は乳児死亡率が高かった 255
伏見宮家の皇族復帰を 257
民主主義の過ちを正すのが「伝統」 263
「両軸のナショナリズム」の回復が中共を撃つ 267
参考文献 270

# 第一章

# 遊牧民と封建制

# タンパク質と文明

## タンパク質の摂取方法が文明を作る

唐突だが、古代ギリシャ語で「最も重要なもの」を何と呼ぶか、ご存じだろうか。ずばり、プロテイオスだ。現代英語風に直せば、プロテインになる。すなわち、タンパク質である。タンパク質を摂取しなければ、人間は生きることができない。人間の肉体は、水分とタンパク質で構成されているといっても過言ではない。おおよそ、人体の14％から19％はタンパク質なのだ。

筋肉も、内臓も、骨も、血液も、皮膚も、毛髪も、人間の肉体を構成する重要要素は、全てタンパク質からできている。

だからこそ「最も重要なもの」なのだが、タンパク質を「いかに摂取するか?」が、人類の文明を決定づけたのである。単なる栄養素が、文明のあり方まで変えてしまったと言われても、戸惑う人が多いだろう。

だが、事実である。人類の文明は、「タンパク質の摂取方法」により大きく2つに分かれることになった。具体的には、家畜などの「動物」からタンパク質を摂取するのか。あるいは、海産物から摂取するのか、である。無論、植物からもタンパク質を摂ることは可能だが、植物性タンパク質には、必須アミノ酸が不足しているものが少なくない。人類の文明は、人間が生き抜くために不可欠な「動物性タンパク質」の摂取手法により、2つに分かれたのだ。

1度、動物性タンパク質の摂取方法が確立すると、その後は数百年、数千年にわたり、人々は子々孫々まで同じ手法で「最重要な栄養素」を口にし続けることになる。タンパク質の摂取方法が「伝統」と化すのだ。

伝統として継続する以上、タンパク質摂取方法は人間の「体質」にまで影響し、文明自体をも変えていく。

動物性タンパク質を、いかに摂取するか。魚や貝、海老蟹《かに》などの甲殻類から得るのか。それとも、家畜を放牧し、羊や牛、ヤギなどから獲得するのか。

前者のタンパク質摂取手法で発展したのが「日本文明」で、後者が「日本以外の全ての文明」である。別に、選民思想を主張したいわけではないのだが、日本文明は列島に住む人々が海産物からタンパク質を摂取し続けたという一点から見ても、ユーラシア〝島〟の他の文明と差別化される（本書ではユーラシア大陸を「ユーラシア島」と表現する）。

日本の場合、周囲を海に囲まれていることに加え、宗教的な理由（仏教）から四つ足の動物を食することを禁じられていた。というわけで、日本人は「海からの恵み」を「最も重要な栄養素」として摂取し、日々の営みと歴史を積み重ねてきたのである。

海を日常的なタンパク源としていた日本人は、魚介類、甲殻類に加え、海藻を日常的に食べてきた。コンブ、ワカメ、ヒジキ、メカブ、アオサなど、日本人は多種多様な海藻を「過去数千年（少なくとも）」食べ続け、歴史を紡いできた。

ちなみに、20世紀末まで、コンブの消費量が日本一だったのは沖縄県だ。沖縄では、コンブは採れない。１６００年代から、蝦夷地《えぞ》（北海道）で採れたコンブが、日本海ルートで沖縄（琉球）に運ばれるようになったのだ。蝦夷のコンブは沖縄で消費され、さらには中国にまで輸出された。１８２０年代には、琉球国から中国への輸出品の９割を、極北の蝦夷の地から運ばれてきたコンブが占めるに至る。

蝦夷産コンブの代金として、中国側は漢方薬を日本に輸出した。蝦夷地と琉球国を結ぶ、日本国内のコンブ輸送ルートにおいて、日本海側では富山が中継地点になった。蝦夷－沖縄ルートの中継地である富山には、自然、中国産の漢方薬が卸されるようになる。結果的に「富山の薬売り」というビジネスモデルが誕生したのだが、それは別の話だ。

## 日本人の腸内にしかいない細菌

さて、コンブやワカメが普通に食卓に上った日本列島に対し、ユーラシア島で生きる人々には海藻を食べる習慣がなかった。というわけで、海藻を消化吸収するための特殊酵素を持つ細菌は、日本人の腸内からしか発見されていない。この細菌により、日本人は海藻を支障なく消化することができる。

海藻に対応した細菌を持たないと思われる（まだ「確定」ではない）欧米人などが、海苔《のり》を大量に摂取すると、下痢をしかねない。無論、少量であれば問題ないのだが、大量摂取すると支障が出る可能性が生じる。

日本人からしてみると、

「海苔を大量に食べると、お腹を壊す」

などと言われてもピンとこないかも知れないが、「過去数千年間、海藻を食べ続けて生きてきた民族」と、「過去数千年間、海藻を食べないで生きてきた民族」とでは、同じ人類でも体質が変わって当然なのである。

逆に、過去に牧畜を経験したことがない日本人は、牛乳が苦手な人が比較的多い。何しろ「過去数千年」にわたり、日本人は遊牧生活とは無関係に生きてきたのだ。家畜がいない以上、牛乳を摂取する機会もない。「一般社団法人Jミルク・牛乳乳製品に関する食生活動向調査2013」によると、日本人の15歳以上の男女1万人を対象とした調査では、牛乳を飲み、お腹がゆるくなる、ゴロゴロする、張るといった症状の自覚を持つ人は、

「いつもそうなる」7％
「いつでもではないがなる」13％
「たまになる」29％
であった。
日本人は、歴史的に牛乳を飲む習慣がなかった。日本人一般に牛乳が広まったのは、明治以降だ。日本人が本格的に牛乳を飲み始め、未だ150年「しか」経っていない。牛乳が苦手な人が多く存在しても、別に不思議ではない。
例えば、日本人がインドに行くと、生水を飲むなとの忠告を受ける。実際、インドの生水を飲むと、日本人のほとんどが下痢、高熱等の症状に見舞われる。
とはいえ、インド人は普通に地元の生水を飲んでいるわけだ。我々人間は、自分たちで想像する以上に水や食べ物といった「環境」に身体が影響されているのである。
それはともかく、タンパク質を魚介類から摂り続けた日本人は、牧畜あるいは「遊牧」からの文化的影響と無関係に文明を築き上げた。日本以外のユーラシア（および北アフリカ）の文明が、動物性タンパク質を家畜から摂るがゆえに、遊牧民から多大なる文化的影響を被ったのとは対照的だ。

## ユーラシア・ステップ

### 世界史は「牧畜」文明が動かす

過去数千年、日本列島に住む人々は、タンパク質を魚介類、甲殻類などから摂り続けた。魚や貝、甲殻類を、「群れで飼う」ことは不可能である。養殖技術が発展した現代ならばともかく、日本人は長い間「海」に生息し、人間の意のままにはならない魚や貝、甲殻類を採取することで、タンパク質を確保していたのである。

それに対し、ユーラシア島ではタンパク質を「家畜の群れ」を飼う、つまりは牧畜により摂取し続けた。牧畜の歴史は農耕並みに古く、古代エジプトや、古代メソポタミアにおいてすでに始まっていた。

人類は、狩猟生活から農耕生活へと進化し、牧畜を始めたのか。あるいは狩猟生活から農耕生活を経ることなく、牧畜生活へと移行したのか。実際には、様々なパターンがあったのだろう。

日本人がイメージしやすい、モンゴル草原を中心とする乾燥地帯の遊牧民は、農耕文化を持ったことはない。何しろ、モンゴルのステップ地帯は雨がほとんど降らず、天水農業はできない。だからといって、灌漑《かんがい》農業に適した土地というわけでもない。

それに対し、中東のオアシス地帯の遊牧民は、「狩猟生活⇒農耕生活⇒牧畜生活」と、分かりやすいステップを踏んだ可能性が高い。何しろ、オアシスの遊牧民は必ず「農耕地帯の周囲」で牧畜を行っている。

古代メソポタミアは、人類史上初めて大規模灌漑農業を展開した文明である。農業の生産性が上がり、人口が増え、各地に「都市」が生まれた。となると、動物性タンパク質の「生産」が生業として必要になってくるわけだ。

それに対し、草原の遊牧民は、農耕地帯とは「異なる世界」で暮らしていた。無論、交易は行われていたが、草原地帯の遊牧民と耕作地帯の人々は、文明的に隔絶していたのである。農牧が近接している中東のオアシスとは全く違う。オアシスの遊牧民と農耕民は相互依存的だが、草原地帯はそうではない。

さて、歴史の古さもさることながら、牧畜を基盤とした「文明」の範囲は驚くほど広い。西はジブラルタル、東は朝鮮半島に至るまで、ヨーロッパ、中東北アフリカ、ペルシャ、中央アジア、中国、インドなど、ユーラシア島や北アフリカの広範囲にまたがっている。唯一の例外が、日本文明だ。

牧畜には複数の種類があり、土地を柵で囲い、家畜に自由に動き回らせ、草を食べさせる方

図1 ユーラシア・ステップ

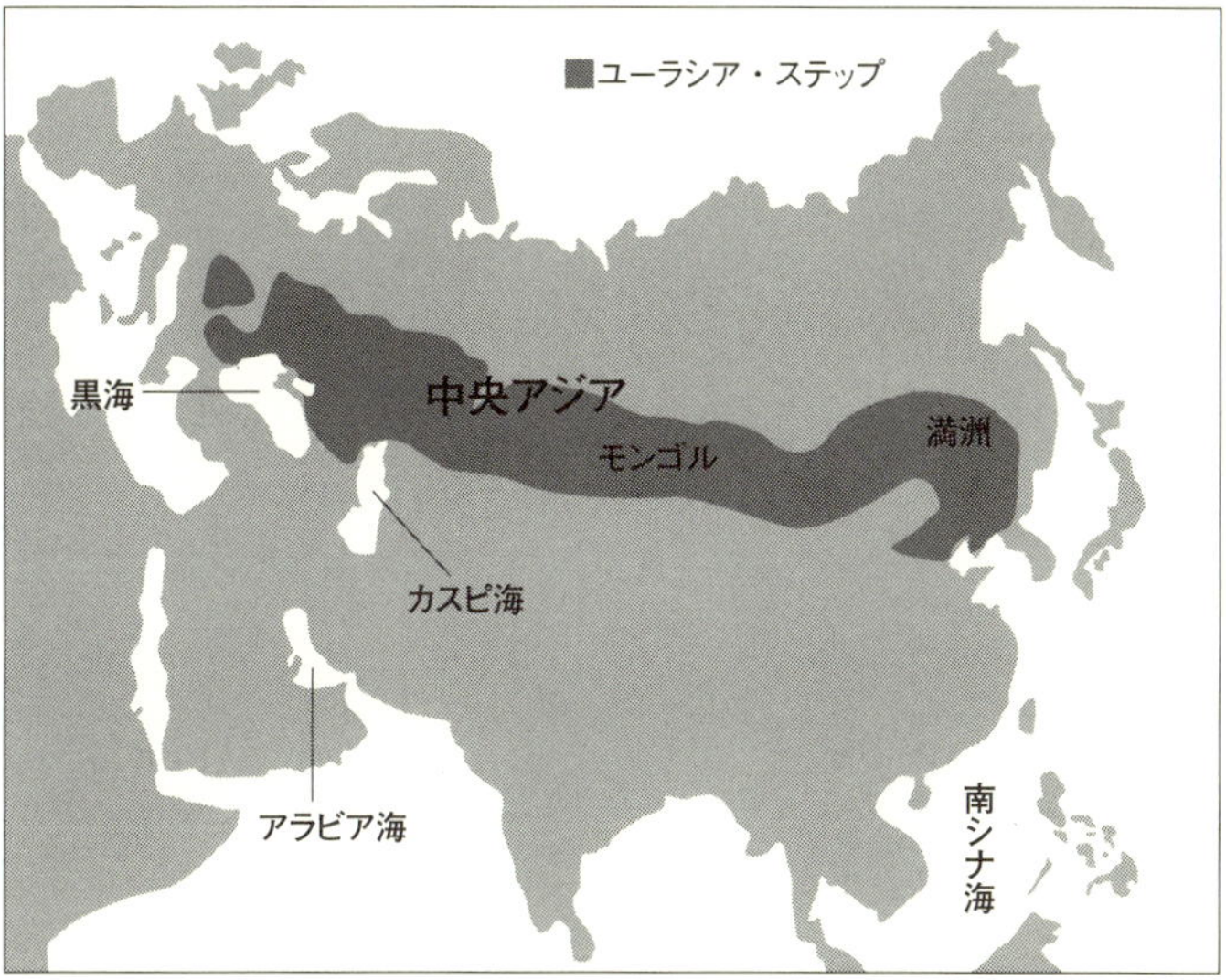


式を「放牧」と呼ぶ。さらに、自然界の牧草を求め、家畜と人間が共に生活しながら移動していく方式が「遊牧」になる。遊牧を主たる生業として生きる人々は、もちろん「遊牧民」と呼ばれる。

歴史上、最も多くの遊牧民が行き交い、無数の「遊牧帝国」が作られた、ユーラシア島を東西に走る草原の「帯」をユーラシア・ステップと呼ぶ。人類の歴史は、ユーラシア・ステップで放牧生活を送る遊牧民から、多大なる影響を受けてきた（例により、ほぼ唯一の例外が我が国）。

## ユーラシア・ステップの遊牧民の衝撃

ユーラシア・ステップとは、満洲（現、中国東北地方）からモンゴル高原、中央アジアを横切り、カスピ海、黒海の北を通り、モルドヴァにまで至る広大な乾燥地帯である（ハンガリーにも飛び地がある）。ステップとは、ロシア語で「平らな乾燥した土地」という意味だが、全くの不毛地帯、あるいは砂漠というわけではない。丈の短いイネ科などの草が生え、ひたすらどこまでも、地平線の向こうまで同じ光景が続く草原地帯がユーラシア・ステップである。

人間は地球で生きる有機体として、いくつもの弱点を持っている。弱点の1つは「草を消化できない」という点だ。ユーラシア・ステップの草原地帯では、人間は単独の種として生き延びることが不可能なのである。しかも、ステップは乾燥地帯であり、ほとんど降雨がないため、農耕にも不向きだ。

過酷な草原地帯で生き延びるためには、家畜を遊牧し、人間が摂取不可能な「草」を、肉や乳に変えてもらう必要がある。ヒツジ、ヤギ、ウマ、ウシ、ラクダ、トナカイが著名な家畜だが、全て「群れで生活する」という特徴を持っている。日本人にはなじみがないが、ラクダもトナカイも放牧される立派な家畜なのだ。

家畜の乳からは乳酒、チーズ、ヨーグルトなどの乳製品が作られた。家畜の乳には、タンパク質、脂質、炭水化物という3大栄養素に加え、ミネラル、ビタミンもバランスよく含まれている。ちなみに、中東のオアシス遊牧民はラクダを放牧している。実は、ラクダはヒツジやヤギに比べ授乳期間が長い上に、乳の生産量も1日5リットル超と非常に多い。というわけで、オアシスや周囲の砂漠の遊牧民の主食は、ラクダの乳を材料にした乳製品である。

乳が出ない時期には、もちろん家畜を屠畜《とちく》し、肉として食べる。あるいは、冬を乗り切る保存食を作る。分かりやすく書くと、遊牧民にとって家畜は「銀行預金」なのである。乳しぼりが「金利」で、屠畜が「お金を引き出す」に該当する。新たに生まれる家畜以上に、屠畜をしてしまうと、全体数は減る。つまりは「預金残高の減少」というわけだ。

また、家畜の毛皮も防寒具はもちろん、様々な日用品の材料となる。ヒツジやヤギの毛からは、フェルトという不織布が作られた。フェルトは防水性、保温性に優れ、遊牧生活に不可欠なゲル（家屋）と呼ばれる移動式住居の資材だ。

遊牧民は数家族からなる集団を形成し、草を食べる家畜を追いながら、草原地帯で定期的に移動を繰り返す。もちろん、ランダムに移動しているわけではなく、大抵は1年単位で決まったルートをたどり、冬には複数の集団が冬営地に集まる。

初期の遊牧民は「文字」を持たなかったため、文献は定住民側のものに限定される。歴史に初めて登場した遊牧民は、紀元前9世紀頃に現在の南ウクライナ近辺のキプチャク草原で勢力を誇ったキンメリア人である（古代ギリシャの歴史家ヘロドトスの『ヒストリアイ』による）。

遊牧民は馬に乗り慣れているため、成人男性のほとんどが、そのまま「騎兵」となる。さらに、日常的に狩猟も行っており、騎射も得意としている。ひとたび遊牧民の集団化が始まると、たちまち強大な軍事国家ができあがる。

騎馬遊牧民の国家といえば、最も有名なのが、もちろんモンゴル帝国である。とはいえ、モンゴル以前にも、ダレイオス1世のペルシャ軍を撃退したスキタイ、武帝《ぶてい》時代までの漢《かん》を属国化した匈奴《きょうど》など、ユーラシア・ステップの遊牧民たちは何度も世界の歴史を塗り替えてきた。

## 遊牧民の家畜管理技術が「奴隷制」を生んだ

ユーラシア・ステップの遊牧民は、日常的に日本人には想像もつかないほど膨大な家畜の群れを「管理」する必要に迫られる。何百頭ものヒツジの群れを、柵に囲まれていない草原で意のままに移動させるのは、これは高度な管理技術が必要だ。また、ヒツジの血統を個別管理し、羊飼いに対して従順にすると共に、肉質を向上させるために「去勢技術」が発展した。騎馬遊牧民の乗馬は、ほとんどが去勢された牡馬である。

ユーラシア・ステップの遊牧民は、自らの生業として、

「家畜を去勢し、管理を容易にする」

ことを行っていたのである。

ユーラシア・ステップ発祥の家畜「管理」技術は、やがて「タンパク質を動物から摂取する人々」へと広まっていく。すなわち、ユーラシア島全域だ。

ユーラシア島からある程度の距離があった島国である日本には、遊牧・放牧も、去勢をはじめとする家畜管理技術も伝わらなかった。そもそも、牧畜とは縁もゆかりもなかったため、去勢技術など不要だったのだ。

あるいは、伝わったものの広まらなかっただけなのかも知れないが、これが「文明」を決定的に分けることになる。

何を大げさなことを、と思われたかも知れないが、人類史上、ほとんど日本だけに「奴隷制」が根付かなかったことは特筆するべきであろう。さらには、日本には去勢された男性である〝宦官《かんがん》〟が存在したことがない。

読者は、宦官と聞くと歴代の中華帝国を頭に思い浮かべるだろう。司馬遷《しばせん》や鄭和《ていわ》など、歴史に名が残る宦官も少なくない。

とはいえ、実際には去勢された男性は、欧州や中東、インドなど、ユーラシア島全域やエジプトにも存在した。役割は大抵同じで、メインの職場は後宮だ。さすがに、後宮の構成員が全て女性では（主を除く）、何かと不便である。とはいえ、男性を後宮で働かせることはできない。

だからこそ、宦官に対する「ニーズ」があったわけだ。

さらに言えば、17世紀から18世紀にかけて欧州音楽界で大ブームになった、声変わり前の少年の声を維持する歌手であるイタリアの「カストラート」。カストラートとは、そのまま「去勢する」という意味である。

日本は、確かにユーラシア島（主に隋《ずい》、唐《とう》）から様々な文化を受け入れたが、宦官制度は断固として拒否した。また、律令制成立時に「奴婢《ぬひ》制度」が入ってきたものの、社会に根付くことはなかった。

日本人の多くが同意するだろうが、我々は「ヒトを管理する」ことが苦手だ。例えば、外国人のメイドを雇い、家事や育児を頼みたいなどと考える日本人は、極少数派だろう。東南アジアなどに赴任する日本人が最も苦労するのは、メイドの「管理」である。日本人は、現地人メイドについて、どうしても「家族」として認識してしまうが、これは先方から見たら「悪しきこと」なのだ。

筆者は、18年2月にインドネシアを訪れた際に、販売前のマンションを見学する機会があった。3LDKのマンションの一角に、まるで牢獄のごとき「メイド部屋」が設置されていたのを強烈に覚えている。3平方メートルほどの小さなコンクリート張りの部屋に、トイレとシャワー、ベッドと収納が備えつけられている。驚いたのだが、トイレのドアすらなく、便器がむき出しだ。まるで留置所のごとき小部屋にメイドを住まわせ、「主人」たる一家の世話をさせるわけだ。

とても無理である。

別に、インドネシアに限らず、日本以外のほとんどの国では「階級」があり、主人が下の者を管理する。これが、グローバルスタンダードである。

日本人の多くは「外国人メイド」に違和感を覚えるだろうが、他国ではそうでもない。理由は、そもそも日本以外のユーラシアの人々は、他人、特に外国人を「奴隷」として管理する形で歴史を積み重ねてきたためだ。そして、ユーラシアの奴隷文化は、ユーラシア・ステップの、「家畜を管理しなければ、生きていくことができない」という「生業」、あるいは「文化伝統」に根ざしているのだ。

家畜を飼ったことすらない日本人が、「他の人間（ときに外国人）」を管理、統制するなど、できるはずがない。しかも、日本人は村という共同体で、日常的に互いに助け合うスタイルで生きてきた。特に、自然災害が発生した際には、助け合いなしでは人々は生き延びられない。

普段は人間としての権利を剝奪《はくだつ》され、「所有者」に管理、統制されている奴隷が、自然災害が発生した際に「助け合い」に加わってくれるだろうか。そんなはずがないわけである。遊牧民の文化が入らず、さらに自然災害大国というわけで、日本に奴隷文化が根付かなかったのは当然だ。

## 同一視される日本と英国の決定的な差違

別に、善悪論を述べているわけではない。人類の歴史が、ただ、そうだったのである。日本人は「遊牧生活を知らない」がゆえに、日本文明が世界で孤立したオリジナルになったことは、紛れもない事実だ。

ユーラシア・ステップの遊牧民の影響を受けた人々（ほとんどの人類）は、遊牧生活に端を発する「他者の管理」「去勢」の影響を受けた。我々日本国民は、そうではなかった。ただ、それだけの話だ。

現在、AIやロボットの開発が盛んだが、機械仕掛けの「人形」を「友達」「仲間」として認識してしまうのは、我々日本国民だけだ。鉄腕アトムにさかのぼらなくても、日本人がロボットを、あたかも人間のように扱ってしまうことは自明の理である。ちなみに、ロボットの語源がチェコ語の「強制労働者」であると聞くと、驚く日本人は少なくないだろう。

不思議なことに、日本と同じく島国であるイギリス（正式にはグレートブリテンおよび北アイルランド連合王国）であっても、奴隷文化、去勢文化は普通に浸透した。中世のイングランドでは、ヒツジの放牧が盛んになり、羊毛をブルゴーニュに輸出していた。イギリスは、中世以降は放牧文化なのである。改めて考えてみると、階級社会やメイド文化をアジア（日本除く）に広めたのは、イギリスだ。

イギリスとフランスの境であるドーバー海峡は、直線距離で34㎞。日本と朝鮮半島を隔てる対馬海峡は200㎞。ユーラシア・ステップの影響を受けたイギリスと、受けなかった日本。「大陸」との距離により、日英の文化は決定的に異なることになったと考えるべきだ。

ちなみに、ヒツジの放牧で生計を立てる人々、つまりは「ヒツジを管理する羊飼い」という生き方は、一神教の成立にもつながった。ヒツジは、羊飼いに管理される。ならば、羊飼いを含む「人間」を管理する「超越者」がいるのでは？

という発想で、人間という「子ヒツジの群れ」を管理する「唯一絶対である神」が存在するはずという概念が誕生した。ちなみに、旧約聖書に出てくるモーゼの職業は、羊飼いである。イエスに洗礼を授けたヨハネも羊飼い。

さらに言えば、古代イスラエルの王の座に就いたダビデも、やはりもともとは羊飼い。「ヒツジを管理する」遊牧民、放牧民の生業に、人類はなおも多大な影響を受けている。

ちなみに、牧畜を英語にすると「Pastoral（パストラル）」となる。そして、プロテスタントの「牧師」が「Pastor（パスター）」なのだ。牧師という言葉は、ラテン語の「羊飼い」からきているのである。ということは、飼われる羊は誰なのか。牧畜と一神教の深いつながりが、見て取れるだろう。

さらに、遊牧民の厳しい生活環境は、リーダー（族長）の権限を強化した。何しろ、1つの草地に異なる遊牧民の部族が訪れると、ほとんどのケースで「戦闘」になるわけだ。生きるか死ぬかの瀬戸際で、「部族内で話し合い、方針を決める」などとやっていられるはずがない。

というわけで、遊牧の民は緊急時の対応について、判断を族長に委ねる必要があった。当然ながら、間違った判断を下した族長は責任を追及されるが、一方で特定個人に権力が集中したのも確かである。ましてや、ユーラシア・ステップの広大な領域を束ねる遊牧帝国のトップともなれば、権力集中なしでは政治を行えない。

## 日本人が一神教を絶対に理解できない理由

それに対し、日本人は山や川に遮られ、外界との行き来が困難な「村」で生きてきた。1つの村で、生まれた瞬間から死ぬまで、同じ顔を突き合わせ、田植えや稲刈りも「共同」作業。

聖徳太子の、

「和を以て貴しとなす」

という言葉からも分かる通り、日本人は争いを嫌い、共に生きることを何より尊び、喜び、話し合いで決まったことを優先する文化を育んできたのである。ユーラシア・ステップや遊牧生活の影響を受けたユーラシア島と日本とでは、人々の歴史の積み重ねがまるで異なっている。

というわけで、日本で一神教は流行らない。「管理、統制できない」海産物からタンパク質を摂取し続け、牧畜も遊牧も知らない日本人には、「人間を管理、統制する超越者の存在」と言われてもピンとくるわけがない。

これだけ欧米文化が溢《あふ》れているにもかかわらず、日本でキリスト教が流行らない（人口比1%を超えたことがない）のは、そもそも日本人に一神教の理念が理解できないためではないだろうか。

また、日本の大陸との絶妙な距離（近くはないが、たどり着けないこともない）は、日本人に取捨選択する形で大陸の知識、文明を国内に取り入れることを可能とした。取捨選択するわけだから、当たり前だが「日本にとって良いもの」しか入ってこない。自分たちに合わない宦官、去勢などをシャットアウトすることができたのだ。

結果的に、日本社会に「外国から入ってくるものは良いもの」という誤解が広まってしまった。現代に至っても、日本人の舶来信仰は強い。外国のモノ、サービス、あるいは社会制度について、自国よりも優れていると無条件で判断してしまうのだ。

確かに、我が国の歴史を振り返ると、外国から入ってきた「良いもの」により生産性が高まり、人々が豊かになっていくケースが多々あった。とはいえ、それは単に「悪しきもの」「合わないもの」を入れなかった結果に過ぎない。

## モンゴル帝国のグローバリズム

### なぜ遊牧民は「国家」を必要としたのか

ところで、遊牧民とはいえ、草を食ませた家畜から得られる肉や乳だけで生きていくことは困難である。特に、穀物といった食料や日用品は、遊牧生活を行うステップ地帯では生産不可能だ。中でも、生産のために大量の「水」を必要とする米は、ユーラシア・ステップでは「贅《ぜい》沢《たく》品の中の贅沢品」といっても過言ではない物品だった。

米を含む穀物、あるいは衣料品、その他の生きていくために必要な雑貨を手に入れるため、遊牧民は周囲の農耕民と「交易」をする必要があった。また、ユーラシアの定住地域と別の定住地域を行き来する交易商人にとっては、遊牧地域における道中の〝安全保障〟が必要だった。加えて、遊牧民にとって、交易・資金運用を代行し、物資を提供してくれる商人は、極めて重要な存在だったのだ。

当然ながら、ユーラシア・ステップでは交易商人と遊牧民との間に相互依存が成立する。交易商人はステップ地帯では入手できない物資を提供し、遊牧民は牧畜から得られた製品および

「安全」を供給。さらには、両者の間で様々な情報が交換された。

ところで、スキタイ、匈奴をはじめ、遊牧民の国家は必ず軍事強国であり、かつ急激に「大国化」する傾向が強い。そもそも、家族単位で遊牧生活を営む遊牧民が、なぜ「国家」を作る必要があるのだろうか。

ユーラシア・ステップとその周辺に「国家」がなかったと仮定しよう。草原地帯の遊牧民は、自給自足がほぼ不可能である。特に、「糖質（炭水化物）」を摂取するための穀物は、何らかの手段で入手したいところだ。

というわけで、遊牧民は穀倉地帯の農家を訪れ、馬や塩、革製品、乳製品などと穀物を交換する。実際には、ソグド人やウイグル人などの交易商人が中継したのだが、ここでは部族の代表者が草原から農村を訪れ、草原産品と穀物の交換を求めたと仮定する。

「国家」が存在しない場合、まさに「市場原理」により、草原産品と穀物の交換比率が決まることになる。農村側にとって、草原産品は必需品ではないが、遊牧民にとってはそうではない。必要性が「非対称」であるため、取引は遊牧民側が不利になりそうに思える。

もっとも、遊牧民にとって商品の入手先は複数ある。騎馬で移動する遊牧民にとって、どの農村と交易をするか「選択肢」は存在したのだ。

ある農村で高値を吹っ掛けられたならば、別の農村に向かえばいい。より安価に穀物を入手できる農村を求め、移動する。

最終的に、どうしても適正価格で穀物を手に入れられない場合、何しろ「生き死に」の問題であるため、「略奪」という手法に頼るかも知れない。とはいえ、とりあえず遊牧民側に選択肢があったのは間違いない。

選択肢がなくなるのが、穀倉地帯に「国家」が出現した場合である。穀倉国家出現以降、遊牧民は部族という一種の「小規模事業者」でありながら、国家という「大企業」を相手に交易しなければならなくなるのだ。

特に、国家側が国境貿易を独占し、穀物などの価格引き上げで利益拡大をねらってくると、これは大変な事態になる。遊牧民側にとって、取引の選択肢は消え、さらに略奪するにしても「国家の軍隊」を相手にしなければならなくなるわけだ。

というわけで、遊牧民側も部族単位で結びつきを強めていかざるをえなかった。部族の購買力、販売力が、穀倉地帯の国家のそれに到底かなわなかったため、部族同士の連合が生まれ、最終的には大帝国へと発展したわけである。

## モンゴル帝国のグローバリズム

スキタイ、匈奴以降も、フン、アヴァール、ハザール、烏孫《うそん》、烏丸《うがん》、鮮卑《せんぴ》、鉄勒《てつろく》、柔然《じゅうぜん》、高《こう》車《しゃ》、突厥《とっけつ》、ウイグル、キルギス、ブルガール、契丹《きったん》（キタイ）、カラハン、カラ・キタイ、マジャール、ホラズム・シャー、キプチャクなどなど、ユーラシア・ステップおよびその周辺に次々に遊牧民主導の国家が建国された。ちなみに、「民族」的に最も後世に影響を与えたのは、恐らくは突厥である。突厥とは「テュルク」と呼ばれることが多いが、実はテュルクとトルコは同じ単語だ。つまりは、突厥系とは「トルコ系」という意味を持つ。上記でいえば、高車、突厥、ウイグル、キルギス、カラハン、ホラムズ・シャーは、全てテュルク系になる。

ところで、トルコと聞くと、我々はアナトリア半島からイスタンブールに至る領土を持つ「トルコ共和国」が頭に浮かぶ。とはいえ、トルコとは、もともとはモンゴル高原からアラル海にまで勢力を伸ばした遊牧民のことなのだ。

ちなみに、トルコ共和国の前身であるオスマン帝国は、確かにテュルク系の国ではあるのだが、当時の帝国において「トルコ人」は遊牧民、田舎者を意味する蔑称《べっしょう》であった。オスマン・トルコという呼称は、今も当時も間違いで、「オスマン帝国」が正しい。

第1次世界大戦でオスマン帝国が解体され、ムスタファ・ケマル・アタテュルク将軍（後に初代大統領）らによりトルコ共和国が建国された際に、国家の独立を維持するためにトルコ民族主義が打ち出された。というわけで、現トルコ共和国において、建国の日は西暦552年（突厥の成立）とされている（アナトリアやイスタンブールが、突厥帝国の支配下だった史実はないが、現トルコ人がテュルク系であるのは間違いない)。

また、テュルク系の人々が暮らす中央アジア一帯を「トルキスタン」と呼称するが、今の国名でいえばカザフスタン、キルギス、トルクメニスタン、ウズベキスタン、タジキスタン、そして中国の東トルキスタン(新疆《しんきょう》ウイグル自治区)と、広範囲に及んでいる。さらに、コーカサス地方のアゼルバイジャンもテュルク系だ。

トルキスタンの遊牧民は、13世紀初頭に急激に勢力を拡大した大モンゴル=ウルス(いわゆるモンゴル帝国)に吸収されていき、後にイスラム化。テュルク系遊牧民がモンゴル化はせずにイスラム系の国々を次々に作っていく(最大の国がオスマン帝国)のは、当時の中央アジアにおいてテュルク語が標準語化しており、文化的にもモンゴルより上位にあったためと考えられている。


ロシア連邦の北東に位置するサハ共和国には、トナカイの放牧をしている遊牧民が住んでいる。いわゆるヤクートである。サハは民族的にはモンゴロイドなのだが、言語はテュルク系だ。

さて、史上最大の版図を誇った大モンゴル帝国により、ユーラシア・ステップは「国内道路」となった。大モンゴル帝国は、当初からムスリム商人やウイグル商人の「オルトク」から絶大な支援を得ることで、勢力圏を広げていったのだ。

## 図2 現代のテュルク系国家(連邦内国家含む)

世界のテュルク系民族の分布。テュルク系言語を公用語にしている国と自治地域

先にも触れたが、もともと交易商人と遊牧民は相互依存関係にあった。ユーラシア・ステップを中心とした地域における、遊牧民と商人の結びつきが、テュルク語で「仲間」「友」「パートナー」を意味する共同出資の組織である〝オルトク〟を発展させた。

大モンゴル帝国が成立すると、帝国の帝室、后妃、諸王、宰相、将領などがオルトク商人に資金(銀)、絹、そして特許状を提供した。「出資」を受けたオルトク商人が、安全になった草原の道や絹の道を行き交い、交易により利益を上げる。さらに、オルトク商人は利益から出資者に「配当金」を支払うという、一種の株式会社のようなシステムが成立したのである。

しかも、第5代皇帝クビライ・カーン(大ハン)が打ち出した様々な経済政策により、ユーラシア島は1つの経済圏となった。つまりは、グローバリズムが成立した。

## 大モンゴル帝国を引き継いだ4つの帝国

クビライの主な経済政策は、以下になる。

●通過税の撤廃と、売上税（商税）導入（一律3％）。
●中央政府の財政の8割を、塩引と呼ばれる塩の引換券の売却代金で賄う。
●カーンの下に、銀を集め、一族やユーラシア各地の帝室、諸王、族長たちに分配。分配された銀はオルトク商人に貸し付けられ、ユーラシア全域で「利潤」のために運用された。
●銀を事実上の「国際通貨」と化す。
●内陸運河の建設など、交通インフラの整備を重視。
●南宋《なんそう》吸収により、海上艦艇、造船力、航海技術を入手。ムスリム商人との結びつきを強める。

そもそも、グローバリズムとは「自由な市場」でも何でもない。軍事的な強国が覇権国として、支配地域に自由貿易的なルールを「強制」することこそが、グローバリズムの本質である。

それまで、ユーラシア・ステップの異なる遊牧国家間で交易しようとすると、繰り返し通過税（関税）を取られることになった。それを、モンゴルは覇権国として「通過税廃止、一律3％の売上税のみ」という形に改め、広大な帝国に適用したのである。

また、テュルク系の伝統を継承し、帝国内において銀を共通通貨に定めた。無論、広大な帝国の隅々にまで行き渡るに十分な銀は存在しなかったため、中統元宝交鈔(銀を担保に発行された紙幣)や至元鈔(世界初の不換紙幣)を発行するなど、通貨システムを整備していく。

さらに、南宋滅亡後は大都(現、北京)と渤海《ぼっかい》湾まで運河を通し、杭州、福州、泉州、広州などの港湾都市と海路で結びつけた。結果的に、歴史上初めて、海の道(スパイス・ロード)とユーラシア・ステップの陸の道が接続されることになった。

クビライ・カーンの時代には、大モンゴル帝国の「4ウルス体制」がほぼ固まった。ウルスとはモンゴル語で「国」「集合体」という意味だが、4つのウルスとは具体的に大元ウルス(中国風に書くと元朝)、ジョチ・ウルス、チャガタイ・ウルス、そしてフレグ・ウルスになる。日本の歴史の教科書では、ジョチ・ウルスが「キプチャク・ハン国」、チャガタイ・ウルスが「チャガタイ・ハン国」、フレグ・ウルスが「イル・ハン国」となっているが、厳密には正しくない。大モンゴル帝国は、4つのウルスの集合体、今風に書けば「連邦国家」として成り立っていたのである。

ジョチ・ウルスは、チンギス・カンの長子であるジョチと、その息子バトゥによるキプチャク、ロシア征服により成立した国だ。チャガタイ・ウルスは、チンギスが次男チャガタイに、アルタイ山脈方面を所領として付与したことで成立した。大元ウルスは、言うまでもなくクビ

図3　大モンゴル帝国の4つのウルス

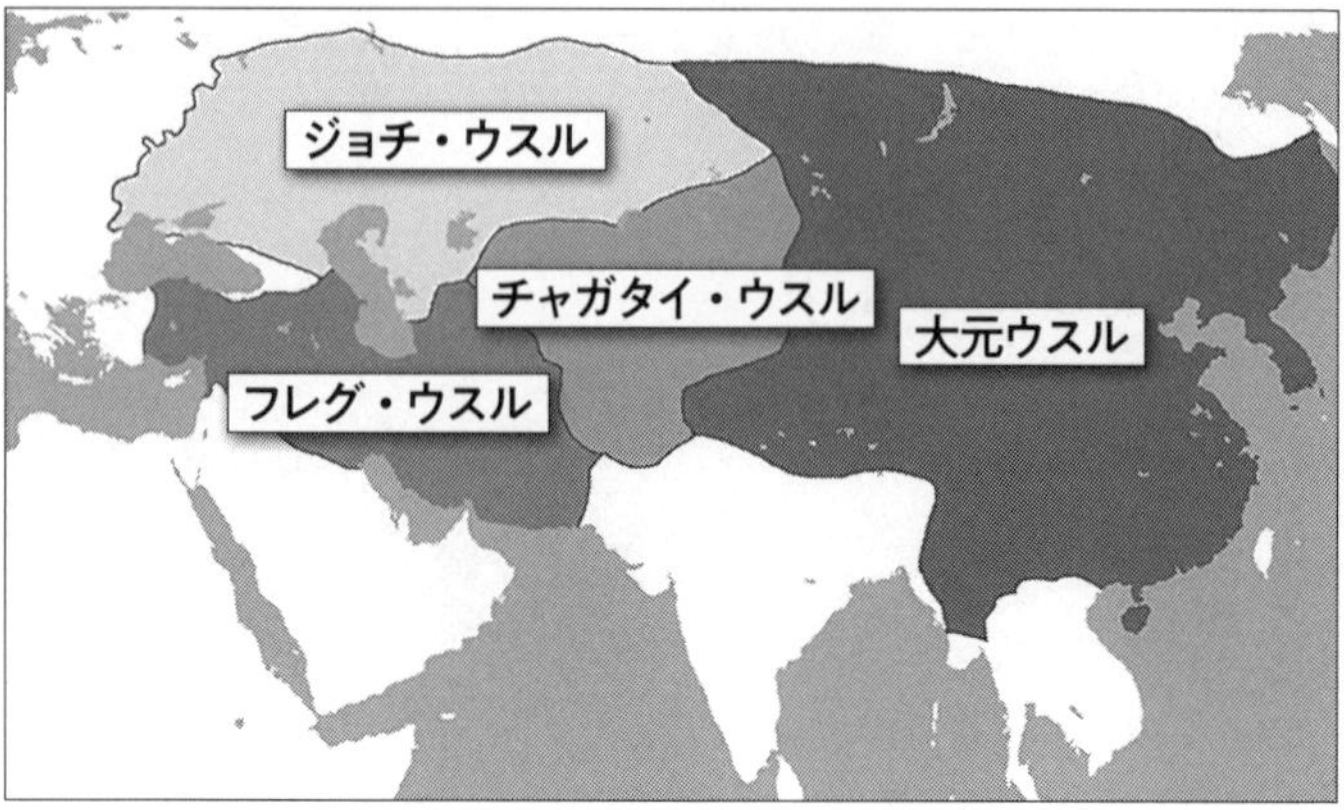


ライ・カーンの南宋攻略により、遊牧帝国と中華王朝と、2つの顔を持つ形で巨大化した国だ。

また、クビライの弟にあたるフレグが西征軍総司令としてイランを攻略し、さらにバグダードを落とし、アッヴァース朝を滅ぼすことで成立したのがフレグ・ウルスである。図3を見ると、ジョチ・ウルスがポーランドと、フレグ・ウルスがビザンチン（東ローマ帝国）と国境を接するところまで広がっていることが分かるだろう。

意外に思われるかも知れないが、大モンゴル帝国の4つのウルスは、帝国瓦解後に「別の帝国」に姿を変え、現代にも影響を与えている。4つのウルスには、それぞれ「後継国家」があるのだ。具体的には大清帝国、ロシア帝国、ムガル帝国、そしてオスマン帝国である。

## モンゴルの婿たち

### ホンタイジと大清帝国

図4は17世紀頃のユーラシア（および北アフリカ）の地図であるが、両端（日本と欧州）を除く広大な地域に、4つの帝国が成立していることが見て取れるだろう。4帝国は、全て大モンゴル帝国を構成した4つのウルスから誕生したのである。

まずは、大清帝国。

1616年、太祖ヌルハチが女真族《じょしん》の後金国《こうきん》を建国。さらに、ヌルハチの子であるホンタイジが南モンゴルを征服し、1636年、女真族、モンゴル人、漢人の代表が瀋陽《しんよう》に集まり、大会議を開催。ホンタイジは、大元ウルスの末裔《まつえい》であるリンダン・カーンの遺子から「元《げん》の玉璽《ぎょくじ》」を受け取り、皇帝として即位した。リンダン・カーンは、大モンゴル帝国の第40代（明《みん》の洪武帝《こうぶてい》＝朱元璋《しゅげんしょう》による北伐で、万里の長城の北に追いやられた以降の「北元」としては第26代）カーンである。

その後、明帝国の崩壊を受け、女真族の帝国は中華に拡大。大元ウルスの領土を、ほぼ回復

図4　17世紀頃のユーラシア

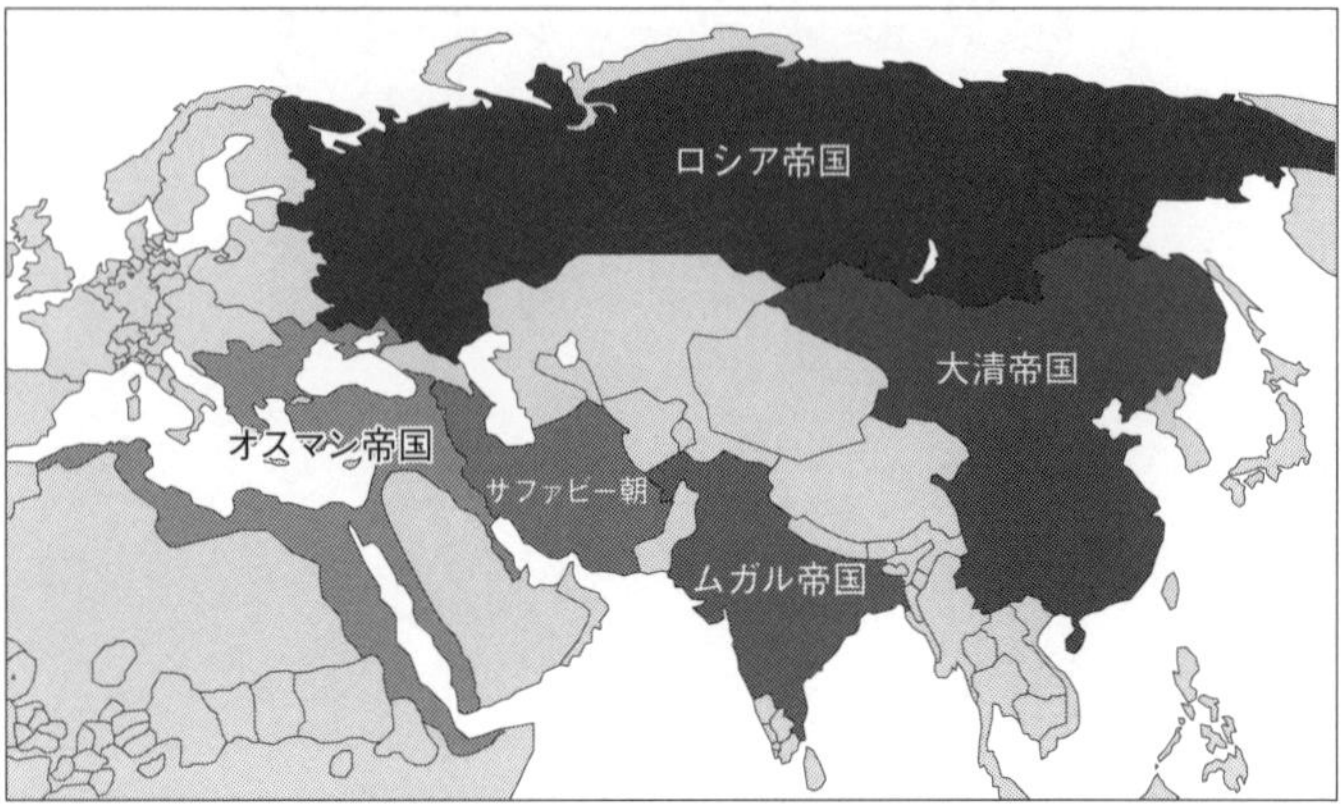


することになる。

また、ホンタイジはジョチ・カサル（チンギス・カンの弟）の血統であるホルチン部の王女と結婚した。つまりは、モンゴルの「婿」となったのだ。女真族であるホンタイジがモンゴル高原を含む広大な領域の「皇帝」となるためには、モンゴル帝室の血族になる必要があったのである。

ホンタイジがモンゴルの「婿」になり、玉璽も受け取った。大清帝国は、正真正銘の大元ウルスの後継国家だ。

## 「タタールのくびき」から脱却したロシア帝国

次に、ロシア帝国。

日本人の多くは、ロシアについて「欧州の国」として認識しているが、歴史的に見るととても肯定できない。ジョチ、バトゥに征服されたロシアの貴族たちは、モンゴル支配下で生き残りを図る。ジョチ・ウルスはロシア諸侯たちに「大公」といった称号を名乗ることを認め、貢納の義務を課した。

ジョチ・ウルスのモンゴル人たちはキプチャク草原など、遊牧地帯においては直接的な支配を行った。それに対し、ロシアの農耕地帯については直接支配を好まず、多くの場合、先住農耕民の首長、つまりはロシア諸侯を通しての間接統治を採用した。

ロシアの歴史では、モンゴルによる支配、いわゆる「タタールのくびき」の残虐性を強調する。とはいえ、実際にはモンゴルのルーシ（ロシア）領有は、後のロシア帝国によるユーラシア遊牧民に対する残虐極まるやり方と比べれば、「穏やか」と表現せざるをえない。そもそも、モンゴルのジョチ、バトゥの征西の目的はロシアや東欧ではなく、キプチャク草原だった。キプチャク草原を手に入れることで、モンゴルは満洲から黒海北岸まで、ユーラシア島を東西に貫くユーラシア・ステップを統合し、史上初めて、遊牧民による大連合国家を建設したのである。

図5で言うと、網掛け部分がキプチャク草原だ。キプチャクとは、中央ユーラシア西北部から東ヨーロッパ南部に至るまでの歴史的呼称になる。現代の国家で言うと、カザフスタン西部からロシア西南部、ウクライナ辺りが中心だ。

キプチャク草原は、スキタイをはじめ、歴史的に遊牧民の大帝国が築かれやすい地域であった。そういう意味で、西方のモンゴル高原と表現できなくもない。

ユーラシア・ステップの東方を制したとしても、キプチャク草原が「別の国」では、オルトク商人が望む「草原の道における安全保障」は実現しない。ユーラシアの交易に安全保障を提供する上でも、モンゴルはキプチャクを制覇する必要があったのである。

逆に言えば、キエフ・ルーシ（正式には「ルーシ」）諸侯がモンゴル軍に制圧されたのは、キプチャク制覇の「おまけ」であった。が、もちろんロシア史書ではそうなっていない。モンゴルによるロシア制圧は「残虐」でなければならなかった。

興味深いことに、13世紀のルーシの年代記は極めて少なく、かつモンゴルによる破壊や虐殺についてはほとんど語っていない。それが、後世になるとルーシの「被害」が次々に拡大してくる。まるで、韓国の「いわゆる従軍慰安婦」問題や、中国の「いわゆる南京大虐殺」のごとく、被害が年を経るごとに悲惨になっていくのだ。

モンゴルの残虐性をことさらにクローズアップするロシアの歴史は、要するにロシア帝国の正当性を強化するためのプロパガンダなのである。中国の「易姓革命」同様に、「前」の政権の悪質さを強調することで、自分たちの政権の権威付けを行っているに過ぎない。

さて、ロシア帝国の3大英雄といえば、イヴァン4世（雷帝）、ピョートル大帝、そしてエ

図5 キプチャク

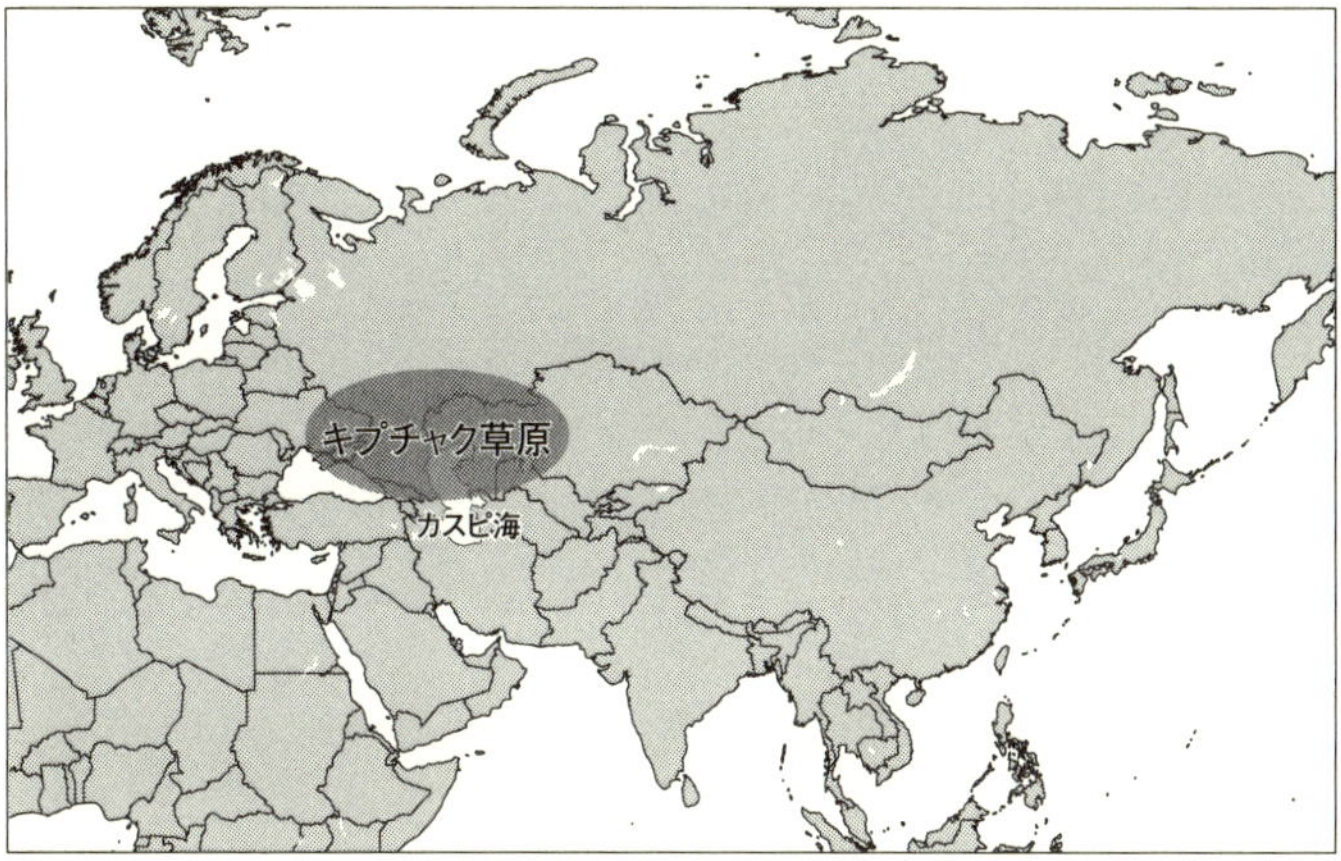


カテリーナ2世である。ちなみに、プーチン現ロシア大統領がペテルブルク副市長だった時代、執務室の壁にはピョートル大帝とエカテリーナ女帝の肖像画が飾られていたとのことである。

現在のロシア連邦や、ソ連成立前のロシア帝国の歴史を振り返ると、「ロシア強大化」の祖となったのはイヴァン4世だ。

1552年にカザンを攻略し、タタールのくびきを事実上、断ち切ったのがイヴァン4世であるが、実は彼はモンゴルとの混血であった。イヴァン4世の母親は、ジョチ・ウルスの有力軍人・政治家のママイの直系で、2番目の妻はジョチ家の王族の血脈だった。ロシア皇帝の血筋も、実は大清帝国同様に「モンゴルの婿」なのである。

## ティムール帝国からムガル帝国へ

モンゴルの婿といえば、自ら、

「アミール・ティムール・キュレゲン」

と名乗った大帝国建国者がいる。中央アジアからイランにかけ、大帝国を築き上げたティムールである。アミール・ティムール・キュレゲンとは、婿の将帥ティムール、という意味になる。

ティムールが誰の婿なのかといえば、もちろんモンゴル帝室だ。チンギス・カンの側近であったカラチャルの嫡流であるティムールが、モンゴル王子を担ぎ、カンの座に就けることで建国されたのがティムール帝国なのだ。

チャガタイ・ウルスに仕えるバルラス部族の出身であるティムールは、ウルスの東西分裂などの混乱の中から台頭し、1代で大帝国を建国する。ティムールもまた、自らの権威付けのためにチャガタイ家の王女を娶《めと》り、「婿の将帥ティムール」と名乗った。

ティムールの帝国建国(1370年)の2年前、東方で大事件が起きる。大元ウルスにおいて、白蓮《びゃくれん》教団が決起し、紅巾《こうきん》の乱が勃発。1368年、紅巾族の首領だった朱元璋が南京を首都とする「明」を建国。さらに、朱元璋の北伐開始を受け、大元ウルスのトゴン・テムル・カーンが大都(北京)を放棄し、モンゴル高原に撤退(以降、北元)。万里の長城以南は、明に統一された。

もっとも、大元ウルスは「滅亡」したわけではなく、その後も遊牧帝国として存続する。大元ウルスが滅んだのは、先述の通りホンタイジに玉璽を譲り渡した1636年である。

さて、ティムールは大元ウルスが万里の長城以南を失ったことに激怒し、明討伐を決意。ところが、ティムールは明遠征の途上で病没してしまう。

創始者を失ったティムール帝国では後継者争いが始まった。帝国は分裂し、急速に衰えていく。

モンゴル系の帝国において、後継者争いはお家芸のようなものだ。「元寇《げんこう》」が理由だとは思うが、日本においてチンギス・カンの次に名前が通っているクビライ・カーンもまた、後継者争いに勝利し、カーンの座に就いたのである。

1260年に大モンゴル・ウルスの第4代皇帝モンケが急死すると、2人の弟であるクビライとアリクブケとの間で「内戦」と呼んでも過言ではない後継者争いが勃発した。当時は、モンゴルの帝室のほとんどがアリクブケ側に味方した。

それにもかかわらず、クビライはアリクブケを打倒し、カーンの称号を手に入れる。最大の理由は、当時のクビライが旧・金帝国（華北農耕地帯）の「経済力」を活用することができたためである。クビライは、華北の物資について、カラコルムへの輸出を差し止める経済封鎖を断行。

結果、カラコルムは干上がり、戦線離脱者が相次ぎ、アリクブケはクビライに降伏するという結末になった。そもそも、カラコルム（モンゴル高原）は華北の農産物に依存していた。そのルートを絶たれると、たちまち糧食が尽きてしまったわけである。

大モンゴル・ウルスの歴史は、後継者争いと内部抗争の連続だ。

チャガタイ・ウルスの後継国たるティムールの帝国も、創始者の死と同時に、お家芸とも呼ぶべき後継者争いにより、衰退への道を進んだ。ところが、ティムールの来孫にあたるバーブルが、インドに進出。故郷の混乱が続く中、バーブルはインドのローディー朝を撃破し、新たな帝国を建国した。すなわち、ムガル帝国である。

実は、ムガルとは「モンゴル」という意味のペルシャ語「ムグール」が転訛《てんか》したものだ。ティムール一族とモンゴル帝室との関係を示す家系図は、「国宝」としてムガル帝国においても書写され、護持された（現存する）。

19世紀末まで存続し、イギリス東インド会社により亡国に至るムガル帝国は、領域は全く異なるものの、チャガタイ・ウルスの後継国なのである。バーブルの母方の祖父にあたるモグーリスタン・ハン国の君主ユーヌスは、チャガタイの血脈だ。

## イスラム化した遊牧民国家・オスマン帝国

ところで、1952年にトルコ共和国において、「突厥建国1400年記念祝典」が開催された。先述の通り、突厥はモンゴル高原からアラル海にかけて支配した遊牧民国家である。ユーラシア・ステップの遊牧国家突厥の民族、つまりはテュルク系が、なぜアナトリアにまで移動したのか。11世紀から12世紀にかけ、中央アジアでテュルク系の遊牧民国家が興隆した。テュルク系遊牧民の軍事力を中心とした国家、セルジューク朝である。

セルジューク朝は次第に西へ、西へと領土を広げていき、1071年にはマンジケルトの戦いでビザンチン軍を破り、アナトリアを支配下に収めた。現トルコ共和国が、ユーラシア・ステップから外れたアナトリアが中心なのは、セルジューク朝の征西が遠因なのである。

セルジューク朝は十字軍との戦いや、モンゴル軍（フレグ）の到来により弱体化していった。フレグ・ウルス成立時には、アナトリアにはセルジューク朝の分家筋である地方政権、ルーム・セルジューク朝が存続していた。ルーム・セルジュークはフレグ・ウルスの攻勢に抗しえず、属国として命脈を保つことになる。

さて、13世紀末、事実上、フレグ・ウルスの一部となったルーム・セルジュークの西北で、テュルク系遊牧民の部族長であるオスマン・ベイが力を増していく。1299年、オスマンはルーム・セルジュークからの独立を宣言。オスマン1世として即位した。

つまりは、オスマン帝国である。オスマンの軍は1301年、ビザンチン軍を撃破し、帝国の基礎を築いた。1402年にティムールの軍とアンカラで激突し、敗北。一時的に衰えるものの、その後は大帝国と化す。

オスマン帝国は「モンゴルの婿」というわけではない。とはいえ、イスラム化した草原出身の遊牧民の帝国であり、アッヴァース朝以来、イスラムの中心だったバグダードを抑えたという点で、歴としたフレグ・ウルスの後継国である。

## 「パクス・モンゴリカ」崩壊と皇帝制

上記の通り、大モンゴル帝国の4つのウルスは、大清帝国、ロシア帝国、ムガル帝国、オスマン帝国へと継承された。日本人の多くは、ロシアについて「ヨーロッパ」と認識しているかも知れない。とはいえ、そもそもの成り立ちが「タタールのくびき」からの脱却なのである。しかもイヴァン4世以降のモスクワ大公国、ロシア帝国は草原の遊牧民を次々に飲み込んでいき、最終的にユーラシア・ステップの最東端である満洲にまで到達した。

民族的には、ロシア人は確かにスラブ系ではある。宗教もキリスト教の正教会（オーソドックス）だ。とはいえ、その成立過程や拡大の歴史を見る限り、やはりジョチ・ウルスの後継国としてみなすべきである。ロシア帝国（現ロシア連邦も）は、ヨーロッパではなくユーラシアの国なのだ。

ところで、広大な大モンゴル帝国では、当然ながら様々な人種、民族が活躍した。もともと異なる人種、言語、民族の人々と触れ合う機会が多い遊牧民国家が、巨大化したのがモンゴルなのだ。モンゴル人は、異なる民族であっても「イル・モンゴル（モンゴルの身内、という意味）」として受け入れていった。例えば、クビライ・カーンの宮廷では、海の道経由で訪れたムスリムのオルトク商人たちが、財務官僚として権力を握った。クビライの下で「財務長官」として手腕を振るったアフマド・ファナーカティーが、特に有名である。

大モンゴル帝国では、税金さえ支払えば、宗教については実に寛容だった。しかも、モンゴル人は耕作をしないため、土地に執着することもなかった。さらに、大モンゴル帝国は巨大であり、軍事的にも最強で、帝国の外には敵がいないのも同然だった。いわゆる「パクス・モンゴリカ（モンゴルの平和）」が実現していたのである。

加えて、日本や神聖ローマ帝国、北アフリカ、インドなど、大モンゴル帝国の征服を免れた国々も、交易ネットワークには取り込まれた。帝国と交易をすると利益を得ることができ、さらに国家の規模で極端なまでの差があったのだ。パクス・モンゴリカの時代、周辺国が帝国に戦争を仕掛けるなど、到底、考えられなかったわけである。

それに対し、4つの後継国は、それぞれが巨大帝国であり、かつ多民族、多言語、多宗教という点は大モンゴル帝国と共通しているものの、残念ながら「パクス」は失われてしまっていた。何しろ、チャガタイ・ウルスの後継国ティムールと、フレグ・ウルスの後継国オスマンがアンカラで決戦をするような有様だったのだ。

周囲が敵国だらけであり、さらに国内の民族、言語、宗教がばらばら。大モンゴル帝国の寛容性は失われ、各帝国は一個人に権力を集中させた専制色が色濃い不寛容な「皇帝制」とならざるをえなかった。

さらに1つ、4つの後継帝国には共通点がある。それは、この地域（といっても、広大だが）では封建制が根付かなかったという点である。

## 文明の生態史観

### 「西洋」「東洋」の区分ではない「中洋」を提唱した梅棹忠夫

日本の偉大な地政学者である梅棹忠夫《うめさお》（1920年-2010年）は、ユーラシアの文明を「二つの地域」で区分した。いわゆる、文明の生態史観である。

そもそも、梅棹の出発点は、「西洋」「東洋」という表現の問題点にあった。『文明の生態史観』

から引用する。

「世界を東洋と西洋とに類別するということが、そもそもナンセンスだ。頭のなかでかんがえると、東洋と西洋との比較というと、いかにもきれいに世界を論じたような気になるが、じっさいは、東洋でも西洋でもない部分を、わすれているだけである。たとえば、パキスタンから北アフリカ一めんにかけて展開する広大な地域。そこの住む数億のひとびと。いわゆるイスラーム世界である。これは東洋か西洋か。西ヨーロッパの人たちは、それをオリエントとよぶかもしれないが、わたしたちはそれを、われわれとおなじ意味での東洋とはかんがえない。じっさいにいってみると、いろいろな要素について、多分に西洋くさいものを、わたしたちはかぎつける。しかし、これをも西洋だといったら、西ヨーロッパの人たちは吃驚するだろう。

東洋とか西洋とかいうことばは、漠然たる位置と内容をあらわすには、たいへん便利なことばだけれど、すこし精密な議論をたてようとすると、もう役に立たない。そのような表示法では、世界における日本の位置表示はできないとおもう」

改めて考えてみると、東洋とは西欧人からみた東、ボスポラス海峡やウラル山脈「以東」全域のことである。日本人を「東洋人」と考えると、中国人、韓国人はもちろんのこと、ユーラシア・ステップの遊牧民たち、東南アジアの人々、インド亜大陸の人々、アラブ人、トルコ人、その他様々な人種、民族と「同一」という話になってしまう。これは、かなり無茶な話だ。

正直、東南アジアのミャンマーまでは、日本人に似た人々も存在する。いわゆる、モンゴロイドである。あるいは、中央アジアのキルギス人は、確かに日本人そっくりだ。2004年にキルギスのアスカル・アカエフ大統領が来日した際には、こう言っては何だが、日本の悪徳政治家にしか見えなかった。

ちなみに、キルギスには、

「大昔、キルギス人と日本人が兄弟で、肉が好きな者はキルギス人となり、魚を好きな者は東に渡って日本人となった。」

という伝説がある（日本の山幸彦と海幸彦の伝説に似ている）。

写真を見て、少女が「日本人ではない」と思う人は少数派だろう。カザフスタンとタジキスタンに挟まれたキルギス共和国と日本国は、実に5400km も離れている。それにもかかわらず、ここまで「人種」的に類似性があるのは驚きだ。

あるいは、チベット、ブータンにも日本人的な容貌《ようぼう》を持つ人は少なくない。

それにしても、例えばインド人と日本人はまるで似ていない。さらに、中東アラブに進むに連れ、日本人的な人は皆無になっていく。

我々、日本人からしてみれば、アラブ人、トルコ人は「ヨーロッパ人」に似ている。とはいえ、西欧諸国からしてみれば、自分たちがアラブ人、トルコ人的と言われると、仰天することだろう。

「文明」的な話に限っても、古代ギリシャ、さらにはローマ帝国の技術、科学、文化は、アラブを中心としたイスラム帝国経由で、スペインに戻っていった。711年、ウマイヤ朝がイベリア半島を征服し、西ゴート王国を滅ぼした。その後、首都コルドバを中心に、ローマを引き継ぐ先進的なイスラム文明が花開く。

カスティリヤ王国が南進し（いわゆる「レコンキスタ」）、元西ゴート王国の首都であったトレドを奪取したのが1085年。その後、トレドに蓄積されたイスラム文献がラテン語に翻訳され、中世ヨーロッパに伝播《でんぱ》していき、ルネサンスの土台になったわけだ。

ヨーロッパ文明とイスラム文明は密接なつながりがあるが、インドや中華、日本文明とは何の関係もない。ヨ

**キルギスの少女**

出典：livedoor.blogimg.jp

ーロッパ人からしてみれば、ボスポラス海峡から「向こう側」を便宜的に東洋と呼んでいるのかも知れないが、トルコ共和国と日本国との距離は８０００㎞を越える。地球の外周の５分の１もの距離を、「東洋」の一言でくくるのは、やはり無理がある。

## 今の国際情勢がよく分かる「第一地域」と「第二地域」

というわけで、梅棹忠雄は「文明」的な視点からユーラシアを分類したのだが、その際に注目したのは、やはり「ユーラシア・ステップ」であった。梅棹はユーラシア・ステップの乾燥地帯のことを、ずばり「悪魔の巣」と呼んでいる。

「乾燥地帯は悪魔の巣だ。乾燥地帯のまんなかからあらわれる人間の集団は、どうしてあれほどはげしい破壊力をしめすことができるのだろうか。わたしは、わたしの研究者としての経歴を、遊牧民の生態というテーマではじめたのだけれど、いまだにその原因について的確なことをいうことはできない。とにかく、むかしから、なんべんでも、ものすごくむちゃくちゃな連中が、この乾燥した地帯のなかからでてきて、文明の世界を嵐のようにふきぬけていった。そのあと、文明はしばしばいやすことのむつかしい打撃をうける」（『文明の生態史観』より）

その上で、梅棹はユーラシアの国々について、「封建制度」という視点から、大きく2つに分類した。不思議なことに、ユーラシアの歴史を見ると、はるか遠く離れた2つの地域で同時並行的に封建制が発展した。すなわち、西欧と日本である。封建制度が発展したユーラシア島の両端について、梅棹は「第一地域」と名付ける。

西欧と日本に挟まれた広大な地域。特に、ユーラシア・ステップの遊牧民の影響が大きく、かつ大モンゴル帝国の継承国では、封建制度は発展しなかった。皇帝に絶対権力が与えられ、土地の私有も不可能で、官僚制が発達した「帝国」およびその属国、衛星国の数々。これらの地域について、梅棹は「第二地域」と呼んでいる。

梅棹の文明の生態史観によると、日本を含むユーラシア島は、図6の通り分類可能だという。

図6の西欧と日本が第一地域。乾燥地帯を囲む4つが第二地域の「帝国」諸国である。Ⅰから順番に中華帝国、インド帝国、ロシア帝国、そしてイスラム帝国だ。図4でいえば、Ⅰが大清帝国、Ⅱがムガル帝国、Ⅲがもちろんロシア帝国。そして、Ⅳがオスマン帝国というわけである。

第一地域の特徴を挙げると、まずはとにもかくにも封建制の経験を持つこと。言論が相対的に自由であり、絶対的な権力を持つ専制君主が存在したことはない。封建制の下で市民（日本

| 図6 | 文明の生態史観による第一地域、第二地域

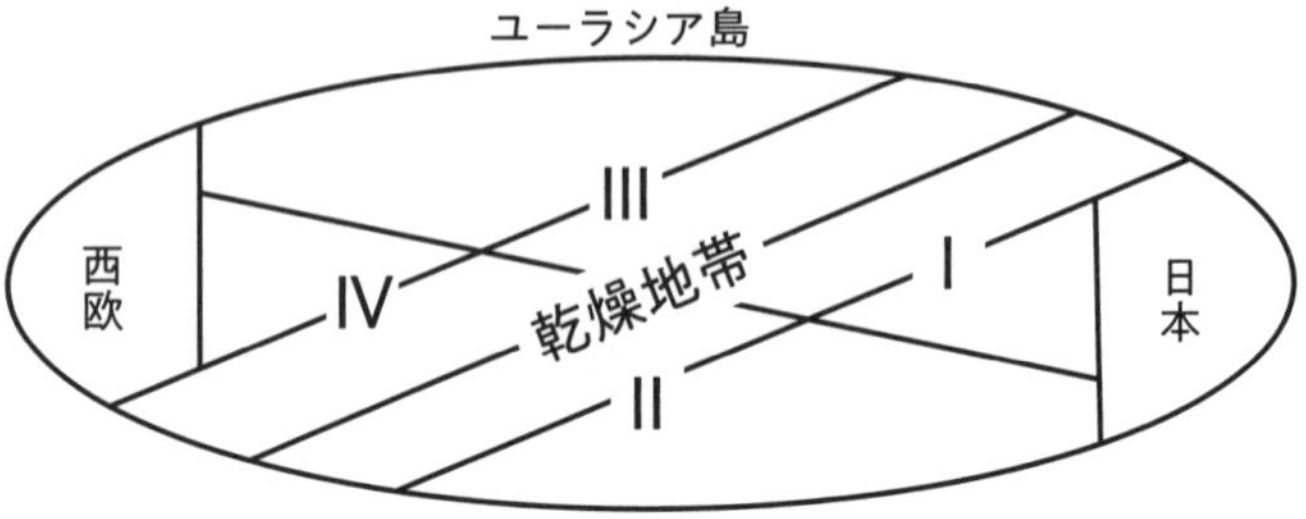


は「町民」）が現れ、市民社会や都市文化が発展。経済面ではギルド（日本は「座」）や自由都市（日本は堺など）が発展し、各地域の資本蓄積が資本主義につながる。国内で言語的統一がなされており、宗教も第二地域と比べると統一性が高い、になる。

逆に、第二地域は封建制の経験を持たず、専制帝国による強権支配が続く。帝国が滅亡したとしても、別の専制帝国にとって代わられるだけだ。いわゆる、易姓革命である。

帝国は燦然《さんぜん》たる宮廷を誇り、領土は広大。領土が広いがゆえに、当然ながら複雑な民族、人種、言語構成となり、宗教も多種多様だ。ゆえに皇帝への権力集中が進む。第二地域で「権力の分散」そのものである封建制を進めた場合、各領主が独立を目指し、国家としての一体性を維持することは不可能なのだ。

また、第二地域において帝国による直接的な支配下に置かない地域は属国、衛星国と化す。中華帝国の属国であり続け

た朝鮮半島、ロシア帝国の属国化した中央アジア、ムガル朝の属国となったインド・デカン高原の諸王国など、事例には事欠かない。

第二地域の帝国では、全てが「皇帝」に属し、私有財産権は認められない。土地や人民は皇帝に帰属する。当然ながら、言論の自由は制限され、皇帝の手足となって動く官僚政治の腐敗深刻化が進む。

日本国民は、封建制度と聞くと「旧態依然とした古臭い制度」という印象を覚えるだろう。それはその通りなのだが、封建制が「民主主義」「資本主義」の土台になったことは、これは間違いない事実なのだ。

# 封建制度と資本主義、民主主義

## 産業社会を生み出した「封建的秩序」

ドイツ出身のアメリカの歴史学者カール・ウィットフォーゲル（1896年－1988年）は、「多数中心的で、私有財産に基礎を置く産業社会を生み出したのは、封建的秩序である」と、語っているが、その通りである。

封建制とは、君主（国王、あるいは「将軍」）が貴族や家臣、部下たちに「土地」を与え、その地に「封じる」制度である。君主1人に権力を集中するのではなく、各地に封じられた領主たちにある程度の差配権を与える。無論、封建領主たちは所領を安堵《あんど》してもらう領地統治権と引き換えに、貢納や軍事力提供といった義務を果たさなければならない。

日本でいえば、まさに、

「いざ、鎌倉」

である。鎌倉の将軍や執権に「封じてもらった」鎌倉武士たちは、ひとたび大事が発生した際には、自らの兵力を率い、はせ参じなければならなかった。

鎌倉武士といえば、大モンゴル帝国は高麗《こうらい》からポーランドまで、途轍《とてつ》もなく広い範囲に勢力圏を広げたが、ついに日本海は越えられなかった。

日本では、元寇に関する「史実」が、相当に歪《ゆが》められて広まってしまった。多くの日本国民は、今でも、

「元寇は神風により勝利した」

と、信じているだろうが、真実は異なる。というよりも、そもそも「元軍は台風により滅んだ」という記述が教科書に追加されたのは、大東亜戦争の最中のことなのである。劣勢の日本軍であっても「神風」で勝利できるというプロパガンダのため、鎌倉武士の奮闘ぶりが削除されてしまったのだ。国定教科書において、元寇の「大風」の記述が初めて登場したのが

1943年である。国民の国防意識を高めるというねらいがあったのだろうが、同時に鎌倉武士の戦いぶりが消えてしまったため、
「元寇は神風により勝利した」
という神話が「常識」になってしまったのだ。

## 「元寇」の真実

そもそも、クビライ・カーンが南宋と共に日本を「討たんと欲するのみ（高麗史）」と決意したのは、日宋貿易が原因である。当時の南宋は、火薬兵器の必需品である「硫黄」を日本から輸入していたのだ。

火薬（黒色火薬）を製造するためには、木炭、硝石、そして硫黄が必要だ。中国は火山がほとんどなく、硫黄が取れない。逆に、火山大国である日本には大量に硫黄が存在していた（逆に、硝石は中国にはあり、日本にはなかった）。

南宋を征するためには、火薬という軍需品の原料である硫黄について、日本からの輸出を止める必要があったわけだ。だからこその「元寇」なのである。

さて、文永《ぶんえい》の役（1274年）では、元軍は対馬、壱岐《いき》で残忍な虐殺行為に及び、肥前沿岸に襲来した。さらに、博多湾へ移動し、集結しつつあった九州の御家人《ごけにん》（鎌倉武士）の軍勢と

衝突。有名な赤坂鳥飼の戦いを経て、両軍はにらみ合いの状況に陥る。

日本の教科書では、元軍が「船に引き上げた」ところ、台風（神風）が襲い掛かったとされているが、上陸軍が一度築いた橋頭堡《きょうとうほ》を安易に捨て去るなど考えられない。再び、危険極まりない上陸作戦を敢行することになってしまう。現代的なエンジンが付いたボートを使用しても、数千人を超す兵士を上陸させるのは容易ではない。しかも、海岸から鎌倉武士たちが放つ矢が雨のごとく降ってくる最中においてである。

元軍が博多湾に上陸したのは、10月20日。日本の歴史の教科書では、

「文永の役では蒙古軍は嵐のために一夜で退却した」

と、書かれているが、史実とは異なる。何しろ「一夜で退却した」と書かれている史書は、日本側にも元・高麗側にも存在しないのだ。

しかも、鎌倉幕府の記録である関東評定伝《ひょうじょう》には、10月24日に蒙古軍が大宰府《だざいふ》を攻め、鎌倉武士たちと交戦し、敗北したとの記述がある。一夜で退却した、などという歴史的な事実はない。

結局、元軍は早期に大宰府を落とす見込みが立たず、勝機がないと判断したからこそ、軍船に引き上げ、撤退したのだ。しかも、文永の役の博多湾における戦闘は旧暦の10月後半（太陽暦の場合は11月後半）で、季節は冬に入りつつあった。冬の日本海は強い北風が吹き寄せ下手に撤退をためらうと、元軍は帰国がままならなくなってしまう（服部英雄氏『蒙古襲来と神風』

によると、元軍撤退は旧暦の10月末と思われる)。

クビライ・カーンが南宋を滅ぼしたのちに勃発した弘安《こうあん》の役(1281年)では、日本側は博多湾に20㎞に及ぶ防壁(元寇防塁)築き、元軍(東路軍)を待ち構えていた。防壁を挟み、元軍と鎌倉武士との間で激闘が繰り広げられた。博多上陸が困難とみた元軍は、5月26日に志賀島を占領し、防御を固める。鎌倉武士たちが敵の拠点たる志賀島を奪い返すべく、何度も総攻撃を行い、死闘が繰り返された。

旧南宋軍といえる江南軍は、7月15日に長崎県の鷹島《たかしま》に到着。今度は、本当に台風が来て、特に鷹島の江南軍が打撃を受けた。鷹島沖での蒙古船沈没は、何しろ実際に沈んだ船が発見されているため、間違いなく史実だ。

もっとも、台風通過後も元軍との死闘は続いた。台風が来たのは8月1日で、四日後の5日には鎌倉武士団が博多湾総攻撃に打って出る。さらに、7日には鷹島奪回戦が始まった。台風が「神風」ならば、7月5日以後の戦闘(日本側も多大な犠牲を強いられた)はありえない。

記録を素直に見る限り、鎌倉武士たちの「奮戦」は明らかだ。台風が襲来しなかったとしても、元軍が日本を征服することは不可能だっただろう。

## 「自分の土地」だから命を捨てられる

鎌倉武士たちは、なぜあそこまで懸命に戦ったのだろうか。

あるいは、イベリア半島のレコンキスタ(国土回復運動)はどうだろう。

711年、ウマイヤ朝のイスラム軍がジブラルタルを越え、イベリア半島に侵攻。当時、イベリアを支配していた西ゴート王国は驚くほどもろかった。ウマイヤ朝はわずか7年で西ゴート王国を完全に滅ぼし、イベリア半島を支配下に置く。当時、イスラムの勢力下におかれた地域を「アル=アンダルス」と呼ぶ。イベリア半島には、イスラムの先進的な文化、技術、そして経済が導入され、首都コルドバを中心にアンダルスは大いに栄えた。

西ゴート王国の貴族であったペラヨは北部の山岳地帯に逃げ込み、まさに「猫の額」と表現したくなるほど狭い地域にアストゥリアス王国を建国(718年)。何と1492年(グラナダ陥落)まで続くレコンキスタが始まった。

その後、アストゥリアス王国からポルトガル王国、カスティリャ王国が独立。イベリア島北部のナバラ王国からアラゴン王国が独立。フランク王国が設置したスペイン辺境伯領を母体に、カタルーニャ君主国が建国されるなど、キリスト教諸国は分裂、独立、統合、決裂、併合を繰り返しつつ、次第にイベリア北部から東部にかけ、勢力を拡大していった。

片やアンダルス側は、アッヴァース革命でウマイヤ朝が滅んだ際に、後ウマイヤ朝として独立。後ウマイヤ朝が滅亡すると、諸侯たちがタイファとして自立。その後、モロッコからムラービト朝、ムワヒッド朝がジブラルタル海峡を越えてくるなど、こちらも紆余曲折《うよきょくせつ》を繰り返しつつ、次第にキリスト教諸国に対し劣勢になっていく。

1212年にキリスト諸王国連合軍がナバス・デ・トロサにおいて、ムワヒッド軍を撃破すると、その後はキリスト教勢力の一方的な攻勢が続いた。人口、軍事力、経済力、農業生産力、技術力の全てで負けていたイベリア北部のキリスト教諸国が、なぜアンダルスのイスラム勢力を圧倒することができたのか。戦う目的が違ったためだ。

レコンキスタ初期はともかく、アンダルスに入植したアラブ人、ベルベル人たちは、次第に当初の「戦士の魂」を失っていった。もともとは遊牧民だったはずなのだが、コルドバやセビリア、グラナダといった繁栄極まる都市に住み続け、単なる「都市住民」と化していったのである。カリフやタイファが「ジハード（聖戦）」を呼びかけても応じず、アンダルスは戦力をベルベル人傭兵《ようへい》や外国（ムラービト朝、ムワッヒド朝）に依存する有様だった。

アンダルスのムスリムにとって、北部のキリスト教諸国と戦う理由はなかった。ところが、逆は違ったのだ。アンダルスには、当時の世界において「最高水準」といっても過言ではないイスラム「文明」が持ち込まれた。具体的には、灌漑技術の整備や新作物導入により、農業の生産性が飛躍的に高まった。さらに、コルドバ綾織《あやおり》、サラゴサ亜麻織物など、織物業も興隆。

その他にも、皮革《ひかく》業、紙業、製陶業、ガラス工芸、貴金属工芸など、西ゴート時代とは比較にならないほど工業が発展した。

生産側に限らない。需要（支出）側ではソーコと呼ばれる市場が各都市で発達した。生産力の増強に伴い、北アフリカやアラブなど、外国との交易も活性化した。アンダルスからはオリーブ油、織物、手工業製品が輸出された。逆に、北アフリカからはスーダンの金と奴隷、近東からは香料や奢侈《しゃし》品、キリスト教ヨーロッパ諸国からは皮革、金属製品、武器、さらにはやはり奴隷が輸入された。貨幣制度についても、当時の世界最先端ディナール金貨、ディルハム銀貨が鋳造され、流通した。

経済発展は都市の拡大を引き起こし、イスラム年代記アル・マッカリーによると、コルドバには1万6000の礼拝所、900の公衆浴場、6万3000の貴族の邸宅、21万3077の民家、8万0455の店舗があったとのことである。さすがに、数字が過大のように思えるが、それにしてもイスラム支配下のコルドバが、世界屈指の大都市に成長したことは確かな事実だ。

華やかな文化を伴う経済の興隆、そして都市化は、アンダルスのムスリムたちを「戦わぬ民」と化していった。都市住民とは、故郷を持たない人々だ。さらには、土地への執着も少ない。何しろ、大地を耕して生業を成立させているわけではないのだ。

ところが、北部のキリスト教諸国の人々にとっては、話が違った。目と鼻の先に、自分たちとは比較にならない高度な「文明」があり、財がうねっており、さらに肥沃《ひよく》な「土地」もあったのだ。後期レコンキスタを主導したカスティィリャ王国をはじめ、キリスト教諸王国の国王たちは、騎士たちはもちろんのこと、一般市民に対しても「財産の略奪と土地の収奪」を煽《あお》った。イベリア半島北部から、財と土地に目がくらんだ人々が武器を取り、アンダルスに襲い掛かったのだ。

イスラム側が奪われた土地には、続々とキリスト教徒が入植し、「我が土地」としていった。都市にこもり、戦争は傭兵や外国勢力に任せきりにしていたアンダルスのムスリムにとって、一度、奪取された土地を奪い返すのは容易なことではなかった。何しろ、キリスト教徒たちは、新たに獲得した「自分の土地」を守るために、それこそ命を捨ててでも戦ったのだ。

元寇期の鎌倉武士、特に九州の御家人たちも同じだったのではないか。君主（鎌倉幕府）から封じられた「自分の土地」を守るという目的があったからこそ、史上最大の帝国である大モンゴル帝国の軍隊と戦った。守るべきものが「自分の土地」ではなく「皇帝の土地」だった場合、戦意は相当にそがれたことだろう。

## 江戸幕藩体制の恩恵

「自分の土地」という点では、江戸時代の幕藩体制も同じだ。将軍に「封じられた」各藩の藩主たちは、自藩の経済発展のために様々な投資を行った。

江戸幕府から強いられる参勤交代や、御手伝い普請《ふしん》により、各藩の財政は困窮を極めた。だからこそ、各藩は新田開発やインフラの整備、商品作物や特産品の生産のために努力を積み重ねたのである。中央から派遣されただけの官僚が各藩のトップに就いていた場合、江戸時代の「地方（諸藩）における経済発展」はなかっただろう。任期が終われば中央に帰還する官僚が、長期の経済発展のために努力をするなど考えられない。

江戸期を通じ、各地の諸藩では様々な農産物、工業製品が生産され、大坂を経由して日本全国に流通していった。現在に至っても、日本各地で様々な特産品が生産されているのは、間違いなく江戸幕藩体制という「封建制度」のおかげだ。

これは余談だが、江戸時代の参勤交代は、日本の「言語・文化統一」に大いに貢献した。理由は、大名の奥方は江戸から出られない以上、後継ぎは必ず「江戸」で生まれ育つことになるためだ。もちろん、後継ぎが成人すると、自藩に戻る（赴く、が正解か）ことになるわけだが、その際に「江戸の文化」「江戸の言語」が必ず持ち帰られることになる。そもそも、江戸で成長した「我が藩の若君」は、地元の方言を話せない。

さらには、江戸に集まる製品や文化も、同じように各藩に散っていった。逆に、各藩の特産品などが、江戸へと持ち込まれる。

日本列島は細長い島国で、真ん中に脊梁《せきりょう》山脈が走り、太平洋側と日本海側が分断されている。さらに、海峡や河川により交通が困難で、各地方は「孤立」する傾向がもともと強い国なのだ。それにもかかわらず、言語的な統一性は維持された。

無論、方言のきつい地域もある。とはいえ、例えば幕末の大政奉還後の江戸開城の際に、官軍の西郷隆盛と、江戸幕府代表の勝海舟は、通訳なしで交渉しているのだ。勝・西郷会談において、言葉に「他国語」ほどの違いがあれば、通訳は必須だっただろう。

地形的に分断されがちな日本、しかも極端に細長い島国で、言語的統一が維持されたのは、間違いなく「参勤交代」の影響であろう。

ちなみに、日本について「小国」と認識している人が少なくないが、とんでもない。最近は、インターネットやコンピュータの発達により、日本の「大きさ」が一目で分かるサイトが存在している。その名も「The true size of」である。

本サイトは特定の国を「抜き出し」、別の場所に持っていき、大きさを確認できるという優れものだ。メルカトル図法の地図では、北極や南極に近ければ近いほど、国の大きさが過大になってしまう。逆に、赤道に近づくと小さくなり、大きさを均等に表現することはできない。

メルカトル図法では、確かに日本は小さく「見える」のだが、実際にはどうだろうか。The true size ofで、北海道の宗谷岬をデンマークのコペンハーゲンに合わせると、図7の通りと

**図7 The true size ofによる日本と欧州諸国の比較**

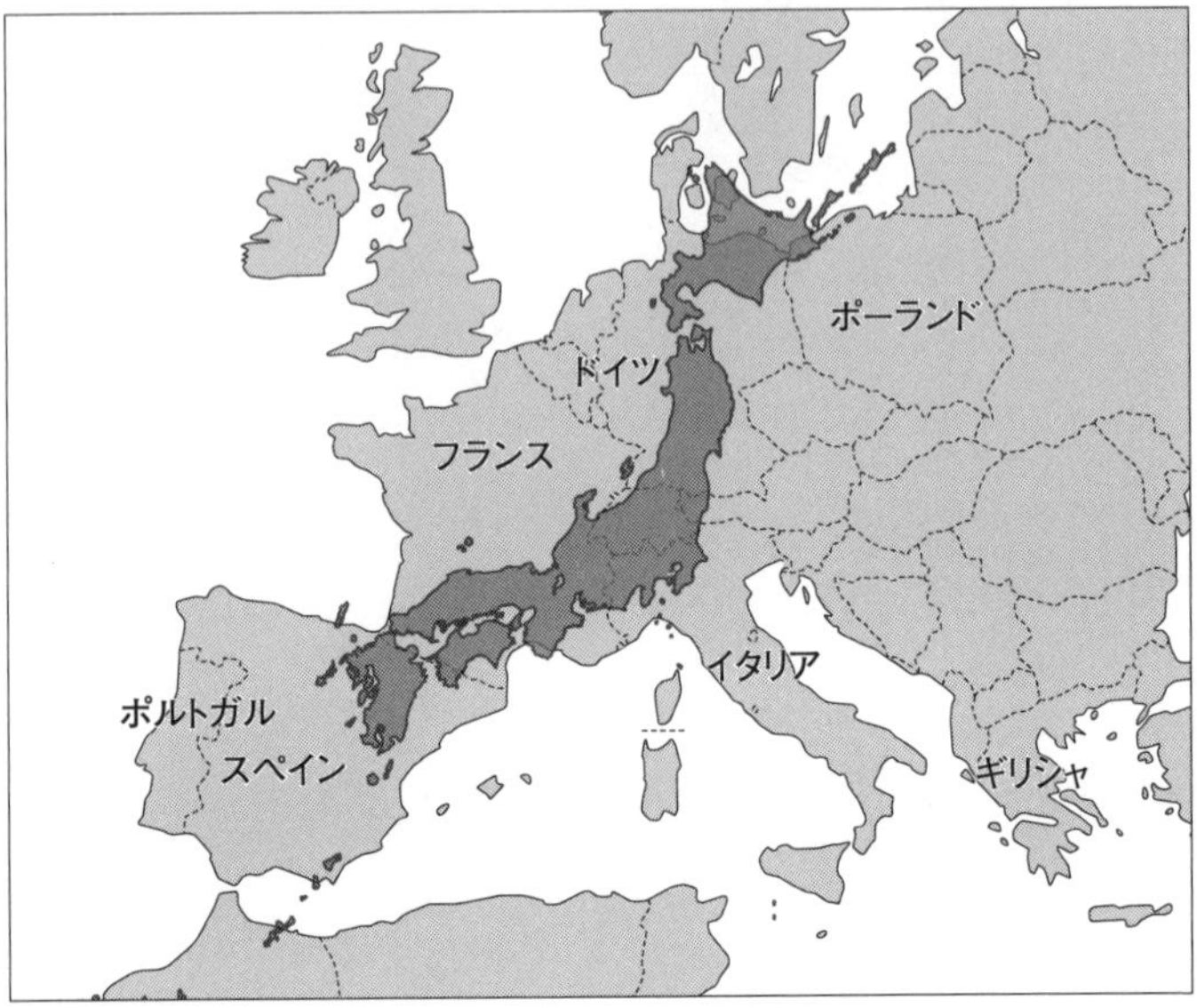


出典:The true size of

なる。

何と、日本列島がドイツ、フランス、スペインを通り抜け、沖縄がジブラルタルの向こう側、大西洋にまで届く。デンマークからスペインまで、はたして何カ国語が存在しているだろうか。国の「広さ」から考えて、日本国が言語的に分断されてしまっても、おかしくも何ともないのだ。

日本国がそれなりに広い(というか長い)にもかかわらず、言語が統一されているのは、間違いなく江戸幕府が参勤交代で地方の大名を強制的に江戸に呼び寄せた影響である。

そもそも、江戸生まれの若君は地元の言葉を話せないわけだから、他国語並みに方言が強化されてしまうと、不都合が生じるわけである。

話を戻すが、封建制の1つの特徴は「私有財産を認める」という点である。人間は正直なもので、自分の財産を増やすためであれば、リスクをとっても投資をする。江戸期の諸大名にとって、藩政はまさに「自分（および一族）の財産」の問題であった。だからこそ、各地がこぞって独自の経済政策を推進する状況が生まれた。

## 産業革命も封建制が引き起こした

私有財産の歴史は意外に古く、確認されている範囲では、古代ギリシャにまでさかのぼる。もっとも、古代ギリシャにおいても、例えばアテネでは私有財産が確立していたが、スパルタは違った。あるいは、同じく私有財産が認められたローマ帝国の時代、ユリウス・カエサルが「ガリア戦記」において、

「ガリア人は私有財産の概念を持つが、ゲルマン人は持たない」

と、書き残しているため、地域によって違いはあった。

ユーラシアの両端で封建制が発達し、私有財産という考え方が改めて育っていった。その先頭を走っていたイギリスにおいて、産業革命が始まったのは不思議でも何でもない。産業革命

とは、生産性向上のための技術投資、設備投資を意味する。

より具体的に書くと、インド産キャラコ（綿製品）に対抗するための、イギリス国内における綿織物産業の生産性向上である。産業革命は、イギリスの企業家たちの、

「人件費が安いインドよりも安価なコストで、大量かつ質が良い綿製品を生産したい」

というニーズを満たすために始まった。1700年頃のイギリスの資料に、キャラコについて、

「もっとも安いものがインドで買える。イングランドでだったら、1シリング（＝12ペンス）ほどの労働や作業が、そこでは2ペンスでなされる。イングランドの労働の価格はインドの労働の価格よりずっと高いから、英国で完成織物を製造することは経済的ではない」

という文章がある。当時のイギリスの人件費は、インドの6倍だったわけだ。6倍の人件費の違いを乗り越え、キャラコ（綿製品）の需要が拡大していたイギリスに製品を売り込みたい。そのためには、1人当たりの綿製品の生産数を拡大することで、インド産キャラコに勝つ。

産業革命期、ジョン・ケイの飛び杼《ひ》を皮切りに、綿製品生産に関する技術が次々に発明され、最終的にはジェームズ・ワットによりGPT（汎用目的技術）である本格的な蒸気機関が出現し、世界が変わった（厳密には、蒸気機関はトーマス・ニューコメンにより鉱山の排水という「需要」を満たすために発明された）。

イギリスにおいて封建制度が発達せず、私有財産が認められなかった場合、産業革命は起きなかった。別の国に、産業革命発祥の国という栄誉を譲ることになっただろう。

封建制度が私有財産制につながり、江戸時代の藩政改革やイギリス産業革命を引き起こしたのだ。

## 権力を分散する「議会」の誕生

また、封建制度とは君主に集中していた権力を「分散」するという考え方が基本になる。権力が各地の封建領主に分散した結果、次第に領主たちが力をつけ、「我《わ》が儘《まま》」になっていった。いきなり国王などの君主に歯向かうことはしないが、それでも国政に対する発言を確保しようという動きが始まったのだ。

何しろ、国王が道を誤り、国家が間違った方向に進んでしまうと、封建領主たちも被害を受けることになる。封建領主たちは国家あるいは君主に対し「物申す」場を求めたのである。

というわけで、国家と封建領主たちが「話し合う」場としての議会が始まった。当初の議会は「身分」により議席が決まる身分制議会が採用される。欧州で最も早く身分制議会が開催されたのは、レコンキスタの最中にあったキリスト諸王国だ。アストゥリアス王国（後に名前が変わり、レオン王国）において、1188年に身分制議会が始まり、他のキリスト諸王国に広まっていった。

初期の身分制議会の役割は、戦費を賄うための課税に対する協賛、立法に対する請願に限定されていたが、それにしても「国王に物申す」場であったのは間違いない。もっとも、本格的な議会制民主主義は、イベリア半島ではなくイギリス（またもや、イギリス）から始まった。

1214年、フランスと戦争状態にあったイングランドは、ブーヴィーヌの戦いで完敗した。ブーヴィーヌで敗北したイングランド王ジョン（あだ名は「欠地王」）は、対フランス戦敗北以外にも失政を重ね、国内貴族の怒りを買った。それにもかかわらず、ジョン王はさらなる軍隊を編成せねばならず、貴族たちは自分たちの不満を聞き入れるように国王に求めた。

1215年、ジョン王と貴族たちの交渉が重ねられ、最終的にはマグナ・カルタ（大憲章）という形で妥協が成立。25人の貴族の代表たちは、自らの所領について事実上の自治を獲得した。また、マグナ・カルタでは、国王の決定のみでは戦費として税金を徴収できないことも定められた。

ちなみに、ローマ教皇はマグナ・カルタに激怒し、イングランドに対して破棄を命じている。理由は、国王は「神と教会」以外の約束には縛られてはならない、とのことである。

国王などの君主の行動に際し、封建領主や貴族たちの「合意」が必要であることを定めた点で、まさにマグナ・カルタは現代に連なる議会制民主主義のはしりなのである。

マグナ・カルタ以降、イングランドでは「議会」という考え方が発展し、1341年には貴族や聖職者の代表で構成される「上院」と、騎士階級、都市代表が議員となる「下院」による2院制が始まった。

身分制議会の時代はその後しばらく続くが、1792年、革命に揺れるフランスにおいて、新たな国民公会を招集するに際し、世界で初めて男子普通選挙が実施される。具体的には、被選挙権が25歳以上、投票権21歳以上とされ、フランス国籍を持つ全ての成人男子に選挙権が与えられたのだ（その後、一時的に制限選挙に戻ってしまうが）。

もともとは選挙権が封建領主、貴族、あるいは聖職者や都市のブルジョアジー（資本家階級）に限定されていた身分制議会が、なぜ現代のような普通選挙に基づく議会制民主主義に進化したのか。理由は、もちろん「戦争」である。

フランス革命において、フランス政府は史上初めて「国民」を兵士として動員しなければならなかった。自らの命を賭けて国家のために死地に赴く以上、兵士たちから「自分たちも国政に関与すべきだ」という声が上がって当然である。

フランス革命、その後のナポレオン戦争以降、戦争はそれまでの傭兵や領主の配下ではなく、国民が主役となっていった。というよりも、戦争規模が次第に大きくなり、国民を動員しなければ戦いようがなくなっていったのだ。

日本の男子普通選挙の歴史は、1928年に始まる。日清・日露戦争、第1次世界大戦を経て、日本においても国民からの「戦争に行かされるのだから、政治に関与させよ」という声が高まったわけである。

ところで、日本の国会もイギリス同様に2院制である。日本で議会制が始まったのは、もちろん明治維新以降だ。

1889年の大日本帝国憲法発布を受け、翌1890年に第1回帝国議会が開催された。当時の帝国議会は、衆議院（イギリスの下院に該当）は公選制であったものの、貴族院（同上院）は非公選だった。貴族院の議員は皇族議員、華族議員、勅撰議員に大別できる。華族議員は、もちろん維新後の「華族」から選ばれた。「華族」には、江戸時代の大名家の出身者たちが大勢、含まれていた。

江戸期の封建制における封建領主たち、つまりは諸藩の藩主たちやその子孫が、貴族院の議員に就任したのである。封建制度と議会制のつながりが深いことが理解できるはずだ。

## 善悪ではなく他国との「違い」を認識せよ

まとめるが、本章で解き明かした通り、ユーラシア島の文明あるいは「国」は、2つの軸で区分することが可能なのである。1つ目は、ユーラシア・ステップの遊牧民の影響を受けたか

図8　封建制度と遊牧民から見たマトリックス

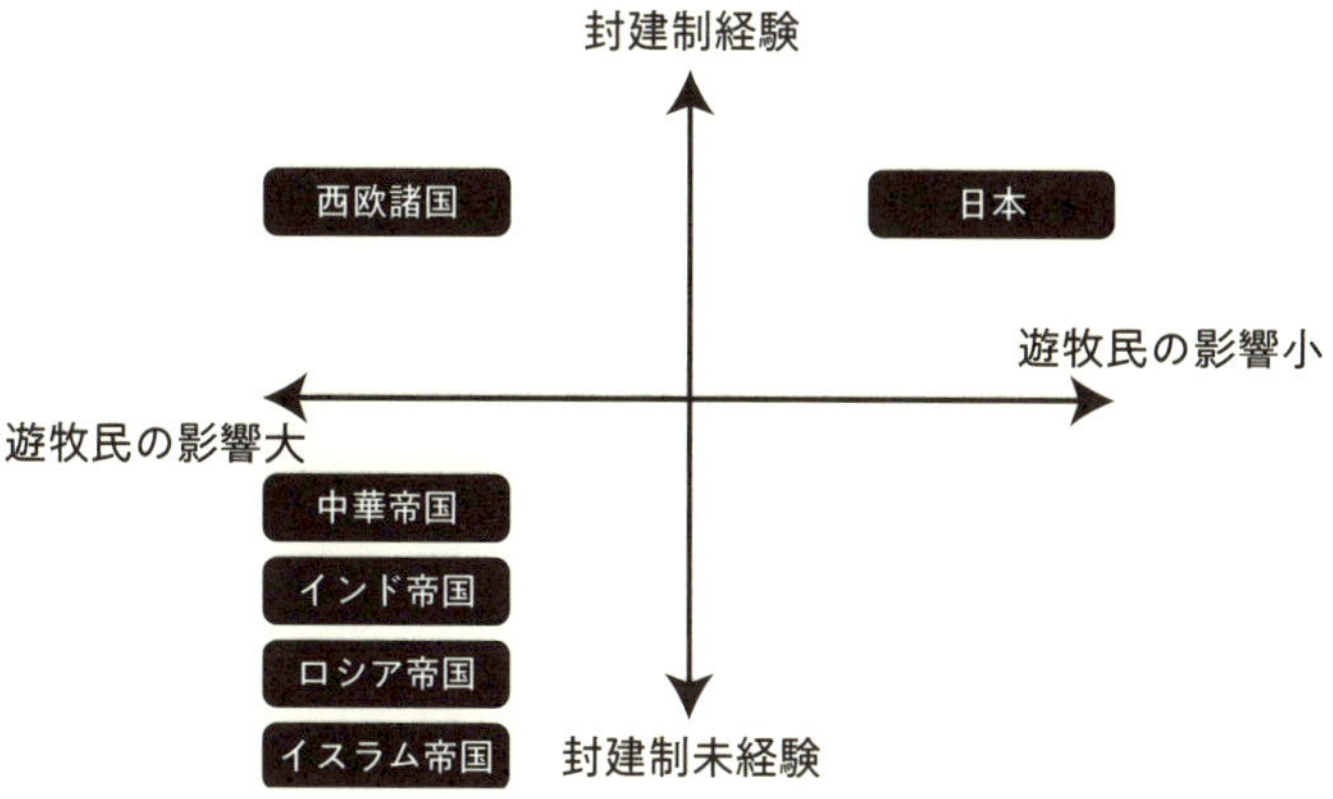


否か。2つ目は、封建制度を経験したか否か、である。

図8は、本章に登場した国々、地域について2つの軸でマトリックスにまとめたものだ。

典型的な日本人である筆者は、無論、欧米諸国と「民主主義」「法治主義」といった理念を共有できる。共有はできるものの、それでも階級主義や「自己責任論」といったグローバリズムには違和感を禁じえない。先述したが、マンションの牢獄のようなメイド部屋を目にすると、心の底から引いてしまうのである。

結局、遊牧民の影響を全く受けなかった日本人と、受け続けたユーラシア島の人々とでは、価値観が完全に共有されるなどということはありえないのだ。ことは良し悪しの問題ではなく、

「他国の人々は、自分たちとは違う」

という、目の前の現実を理解する必要あるという話だ。

牧羊業の影響で、人間という「迷える子羊」の管理者として「神」を規定する文明と、八百《やお》万《よろず》の神の文明とでは、基盤からして完全に異なっている。

さらには、人間には管理できない魚介類からタンパク質を摂り、生きてきたのが日本人だ。家畜を管理し、去勢し、自分たちの目的のために「動かす」ことなしでは生存が不可能だった人々とは、文明の性質からして異なって当然だ。

さて、次章では梅棹忠雄の言う「第二地域」、つまりは専制帝国の歴史を紡いできた国々について考えてみよう。

# 第二章

# 帝国の復活

# 民主主義とナショナリズム

## 民主主義の土台にあるナショナリズム

前章で、梅棹忠雄の文明の生態史観における「第一地域」では、封建制度が発展したがゆえに、議会制や資本主義が進化したことを解説した。ところで、第二地域における専制帝国において、封建制度が存在しなかったのはなぜだろうか。

理由は、帝国の領土が広大だったことに尽きる。大モンゴル帝国の後継帝国が支配する領域は広大で、当然ながら民族構成、言語、宗教が多種多様であった。

民族、言語、宗教が多種多様とは、共通の価値観を醸成することが困難という意味にもなる。日本を含む、いわゆる西側先進国において、国民は法の下で平等であり、最大限の自由を享受し、さらには社会保障の制度も比較的整っている。国民は言論の自由、政治的自由を認められ、政治形態は民主主義を採用している。

実は、平等、自由、社会保障、そして民主主義が健全な形で機能するためには、ナショナリズム（国民主義）が欠かせないのである。特に、民主主義はナショナリズムと切っても切り離すことができない関係にある。

理由は、民主主義が「多数決」により決定される政治システムであるためだ。多数決である以上、確実に「意見が通らなかった少数派」が存在する。

選挙という政治プロセスにおいて、自らの意見が通らなかった、つまりは、多数決で敗れた人が、多数派に対し、

「まあ、同じ国民が決めたのだから、今回は仕方がないか」

と、納得しない限り、民主主義は機能しないのだ。民主主義は多数決で物事が決まる以上、当然ながら「敗北」は普通にありうる。適切な民主主義のプロセスを経たにもかかわらず、敗北を認めないのは、これは「そもそも民主主義を理解していない」と断ずるしかない。

アメリカ大統領選挙などで、敗れた側が「敗北宣言」を行うが、あれは民主主義にとって必要不可欠な儀式なのだ。無論、勝者にしても、敗れた側に「一切、配慮する必要はない」とはならない。

2016年11月の大統領選挙で、ヒラリー・クリントンを破ったドナルド・トランプ大統領は、勝利が確定した直後、

「今、クリントン長官（前国務長官）から電話がかかってきました。

彼女は、私たちを祝ってくれました。これは私たちの勝利です。私も懸命に闘ってきた彼女とご家族を賞賛しました。

本当に彼女は懸命に闘いました。

ヒラリーは長きにわたり、一生懸命に仕事をしてきました。私たちは国に尽くしてきた彼女に感謝しなければならないことがたくさんあります。これは本当に心から言っていることです。

今こそアメリカは分断の傷を癒やしていかなければなりません。団結しなければなりません。全国の全ての共和党員、民主党員、無党派の人々に言います。今こそ私たちは、国民として一致団結するべきです」

と、敗者のヒラリー・クリントンをたたえ、党派とは関係なく「団結」を呼びかけた。トランプ大統領の発言については、色々と話題が多いわけだが、上記は実に立派な「民主主義国のリーダー」としての演説である。

## 日本人のナショナリズムを破壊したGHQ

日本では、安倍晋三内閣総理大臣に対し「独裁者」といった批判を展開する人が少なくない。まあ、アドルフ・ヒトラーも選挙で選ばれたといえばそうなのだが、少なくとも現在の日本はナチス・ドイツとは異なり、言論の自由や政治的自由を制限されているわけではない。というよりも、そもそも言論、政治の自由がない国において、行政のトップに対し「独裁者」などとレッテル貼りをして、無事でいられるはずがないのである。

筆者が、在京メディアの「視聴者のツイッターが流れる」番組に出た際に、

「安倍総理が問題あると考えるならば（ちなみに、筆者は考えている）、選挙で落とすしかない」

と、発言したところ、ツイッターから、

「それができないから問題なのではないか！」

というコメントが流れてきたため、驚いたことがある。政治家を選挙で落選させることができない。それが問題だというならば、一体どうするのだろうか。それこそ、暗殺やクーデターといった手段に頼るしかない。

民主主義国日本で、上記の類の行為は決して許されない。政治家に不満があるならば、言論で戦い、世論を動かし、選挙結果を変えるしかないのだ。

ちなみに、筆者は別に安倍総理を庇《かば》いたいわけでは全くない。むしろ、安倍政権のグローバリズム的な政策を、日本で一番「真っ当に」批判しているのは筆者であるとの自負すらある。安倍政権が推進する緊縮財政（消費税増税含む）、電力自由化、農協改革、種子法廃止、働き方改革、高度プロフェッショナル制度、水道民営化、IR（総合型リゾート）推進、移民受入などは、日本国民を貧困化させ、日本の国の形すら破壊する可能性が濃厚だ。

だからと言って、「政権打倒のためには、何をしても構わない」という話にはならない。何しろ、日本は法治国家である。安倍政権を打倒したいならば、きちんと法に則らなければなら

ないのだ。

法を無視してでも、目的（安倍政権打倒）を成し遂げたい、などという人は、その「法」により、自分自身も守られているという現実を知るべきだ。

日本の選挙において、敗者となった政治家が「敗北宣言」をしたのを見たことがない。敗者側が敗北を認めないのでは、本来、民主主義は成立しないのだが。

もっとも、民主主義による敗者が素直に敗北を認めるには、勝った側も「同じ国民である」というナショナリズム的な感覚が不可欠だ。日本人は大東亜戦争に敗北し、GHQ占領下で周到なやり口でナショナリズムを破壊された。特に、戦後の左派系マスコミは、ナショナリズムについて軍国主義と同一視し、徹底的な批判を繰り返した。

結果的に、見事なまでに国民の思考から「ナショナリズムの重要性」が消え失せてしまった。それどころか、ナショナリズムと聞くと、反射的に嫌悪感を抱く国民が多数派なのではないだろうか。

とはいえ、世界屈指の自然災害大国において、人間はナショナリズムなしで生き延びることはできない。ナショナリズムとは、

「軍靴の音が聞こえる」

といった話ではなく、国民が連帯意識を共有することで、いざというときは「助け合う」と

いう心持ちそのものである。戦争はもちろん、大震災が発生した際に、人間は一人では生き残れない。互いに助け合うという気持ちを持ち、実際に助け合わなければ、自然災害を切り抜けることは不可能だ。

東日本大震災のような大規模自然災害が発生したとき、誰が被災者を助けるのか。アメリカでも中国でもない。同じ日本国民だ。

日本列島で生きていく上で必須のナショナリズムを、大東亜戦争敗北後の様々な情報操作により壊されてしまった。結果的に、民主的に選ばれた総理大臣を「選挙で落とせないのが問題だ」といった奇妙奇天烈な発想が生まれるのだろう。選挙で落とせないということは、同じ国民である有権者たちが票を入れているだけの話に過ぎないのだが。

## 国家があるから「自由」もある

ナショナリズムは、民主主義はもちろんのこと、自由、平等、社会保障の基盤でもある。健全な民主主義は、言論と政治の自由なしでは成立しえない。そして、言論、政治的な自由が認められるのは、「同じ国民」であるという前提があるためだ。

ちなみに、日本において外国人の政治活動は制限される。当然ながら、外国人には日本国の選挙権は与えられない。何しろ、外国人は「外国の民」であり、日本国の運命共同体でも何でもない。

日本の最高裁は、外国人の政治活動の自由について、

「我が国の政治的意思決定又はその実施に影響を及ぼす活動等外国人の地位にかんがみこれを認めることが相当でないと解釈されるものを除く」

という条件つきで、保障が及ぶとの判断を下している（マクリーン事件　昭和53年10月4日最高裁判決）。

当たり前である。日本国と運命を共にする気がない外国人に対し、全面的に政治的自由を認めるなどできるはずがない。外国人が政治的自由を謳歌《おうか》したいのであれば、祖国に戻れば済む話だ。

日本国民には、日本国以外に戻る祖国は存在しない。日本国で運命を共にすること、つまりはナショナリズムを共有していることを前提に、我々は言論や政治の自由を保障されているのである。何しろ、言論や政治の自由を保障できる存在は、国家以外にはないのだ。

日本では「逆」に理解している人が少なくないが、自由とは国家なしでは存続しえない。例えば、国家が存在せず、無政府状態の世界において、我々は自由を確保できるだろうか。

できる人もいるだろう。たまたま、その人が「暴力」「財力」といった特定のパワーを豊富に保有しているならば、他者を虐げ、自らの自由を確立することは可能だ。とはいえ、その場

合は抑圧された側の人々が自由を奪われていることになる。

国家において、ナショナリズムが成立し、互いが互いの価値を認めることに納得しあわなければ、言論の自由も政治的自由も存在しえないのである。逆に言えば、ナショナリズムの枠から外れる外国人が、日本国内で多少の不自由な思いをしたところで、それは仕方がない話であり、甘受してもらうしかない。外国人の場合、不自由さに耐えかねたのであれば帰国すればいいが、我々はそうはいかない。

## 中国人の高額医療費を負担できるのか

あるいは、社会保障である。社会保障こそ、まさにナショナリズムなしでは絶対に成立しえない制度である。何しろ、生活保護にせよ、健康保険にせよ、失業手当にせよ、年金にせよ、まさに「困ったときはお互い様」という精神に基づいている。

例えば、日本国民は「同じ日本国民」に対してであれば、健康保険の保険料を負担することに納得するだろう。保険料を支払ったところで、病気になる、あるいは怪我を負わない限り、何の恩恵もない。とはいえ、いつ自分も病気になり、怪我をするかは分からない。

だからこそ、日本国民は健康保険の保険料を支払い、互いに「いざというとき」に助け合うことを認めているのだ。これが、他の国民であったらどうだろうか。日本国民は、中国人や韓国人の医療費を負担することに納得できるのか。

2018年8月現在、日本の医療保険制度を利用し、安く高額治療を受ける中国人の問題がクローズアップされている。中国人が日本に住む家族の扶養に入る、あるいは経営者ビザで3カ月以上在住すると、国民健康保険に加入することができるのだ。そうなると、日本国でいかなる高額な医療を受けたとしても、月当たりの負担は最大で8万円+αで済んでしまう。数百万円並みの高額医療を受けたとしても、自己負担は8万円台なのだ。

もちろん、我々の保険料が日本国民の高額医療に使われているというのであれば、まだしも納得できる。何しろ、治療を受けた日本国民は、我々と運命を共にする「国民」である。とはいえ、現状は制度の穴を突き、中国人が続々と来日し、日本の「国民」健康保険を使い、高額医療を受けている有様なのだ。

当然ながら、日本国民から批判の声が殺到しているわけだが、なぜ我々は「日本国民」の医療費を負担することに納得はするが、中国人に対してはそうではないのか。もちろん、日本人と中国人はナショナリズムを共有していないためだ。日本人が中国人の医療費負担を受け入れるはずがないし、逆もまた真なりだろう。

中国国内に限っても、例えばチベットや東トルキスタン（新疆ウイグル自治区）の人々が、漢人の医療費を負担することに納得するのだろうか。そんなはずがない。漢人同士に限っても、北京人と上海人は仲が途轍もなく悪い。北京人が上海人と共に社会保障の制度を構築することを認めるはずがなく、その逆も真である。

中国共産党は、2020年までの「国民皆保険」を目指しているが、道のりは相当に難しい。何しろ、中国人民は互いにナショナリズムを共有していない。中国人は家族、およびその拡大版である「一族」「血族」「地縁」は重視する。とはいえ、彼らは中華人民共和国にナショナリズムを抱いているわけではない。何しろ、中国人民(「国民」ではない)は中華人民共和国の主権を持っていない。つまりは、選挙権がないのである。

中国人民は、中華人民共和国に対し政治的な影響力を行使することはできない。そもそも、中国共産党は「中国共産党」であって、中華人民共和国を代表する政府ではない。中国では、党が国家の上に立つのだ。まさに、ナチス(国家社会主義ドイツ労働者党)と同じである。ついでに書いておくと、中国人民解放軍は「中国共産党」の軍隊であり、中国人民の軍隊ではない。

# 第二地域の帝国諸国

## 皇帝が絶対的権力を掌握するのが「第二地域」

前項の解説を読めば、民主主義、法治主義、自由、法の下の平等、社会保障といった、我々が普通に享受している概念が、ナショナリズムと密接に結びついていることがわかるだろう。日本国内で、やたら「民主主義」を礼賛し、「社会保障」を重視する勢力は、むしろナショナリズムの強化を訴えなければならない。何しろ、国民の連帯意識そのものであるナショナリズムなしでは、民主主義も社会保障も成り立たない。

まさに、ナショナリズムが存在しないにもかかわらず、社会保障制度の構築を進めているが、絶対に不可能なのが中華人民共和国である。もちろん中国共産党の「権力」を行使し、強引に国民皆保険を実現することができるかも知れない。とはいえ、その根底に、国民（人民）が互いの医療費を負担し合うことに納得するというナショナリズムは存在しない。

そもそも、中国共産党に征服され、支配され、さらには「洗国」により国家を消されようとしている東トルキスタン、チベット、南モンゴルの人々が、漢人の医療費を負担することを受け入れるはずがないのだ。

ちなみに、洗国とは、支那大陸において中華帝国が「他国」を乗っ取る際に多用される伝統的な侵略手法である。まずは、国内の流民を数十万人規模で「対象国」に移住させる。当初は「外国人労働者」として、いずれは「移民」として、膨大な人民を送り込み、現地に同化させていく。やがて、支那本国から官僚が送り込まれ、その国・地域を中華帝国の支配下に置くのである。

洗国とは、人口を利用した外国侵略なのだ。

今この瞬間も、チベットやウイグル（東トルキスタン）で行われているのが、まさにこの洗国である。チベット人男性やウイグル人男性を中国国内に散らばらせ、現地に同化させる。さらに漢人をチベットやウイグルに送り込み、現地の女性と結婚させ、これまた同化させてしまう。やがては、現在の満洲（旧：女真族の国）同様に、国境線が実質的に消滅し、中国の一部として支配が始まる。

今風に言えば、民族浄化（エスニック・クレンジング）であり、明らかに国際犯罪だ。とはいえ、現実に中国共産党はチベット人やウイグル人に対する洗国をほぼ完成させ、台湾にもじわじわと浸透していっている。

この種の支配の伝統は、中国共産党が生み出したわけではない。大モンゴル帝国の後継国として、多民族、多言語、多宗教の人民を「皇帝」の下で統治しなければならないという「歴史」が、悪夢のような侵略手法や、強圧的な支配手法を発展させた。中華帝国に限らず、第二地域の帝国はどこも似たようなものである。

西欧諸国および日本は、封建制度の下で分権、議会の成立と発展、各封土における資本蓄積と経済発展、国民国家の成立、そして議会制民主主義へと、似たような歴史を紡いできた。梅棹忠夫も強調しているが、日本と西欧諸国の歴史は、本当に驚くほどに似ている。

なぜ、ユーラシアの両端で、同じタイミングで封建制度が発展したのか、人類史の謎と呼ぶべきだろう。明治維新以降、日本が瞬く間に議会制民主主義や資本主義に順応したのは、これは謎でも何でもない。日本は西欧同様に封建主義が発展し、議会の「議員」となるべき人々（華族）が存在したわけである。

それに対し、専制主義の帝国の下では、何しろ「皇帝」が絶対権力をふるい、さらには全ての所有権を持っていたのだ。皇帝に異を唱えることに「命」がかかるような状況では、権力の分散は起きえない。

逆に、皇帝に「取り入る」ことができれば、自らの権力は著しく強化される。というわけで、皇帝を取り巻く官僚たちが「虎の威を借りる」形で政治を主導していった。

となると、皇帝をバックにした官僚に「取り入る」ことができれば、法律の枠を飛び出しても、自らの利益を拡大するために政治を動かすことも可能となる。すなわち「人治国家」である。

## 中国が民主化できない本当の理由

現在の中華人民共和国では、共産党官僚と結びつくことで、中国国内はもちろん、外国（ウォール街など）の資本家たちまでもが好き放題を行い、利益を上げている。何しろ、ビジネスと結びついた共産党官僚の政治力が大きければ、例えば「環境」を無視しても一向に構わないのだ。

日本などの民主主義国では、企業が環境や消費者に害を与えつつ、ビジネスを拡大することは困難だ。理由は、日本の公害問題が典型だが、被害を受けた国民が怒り、彼ら「有権者」の意向を受けた政治家が動き、事態の是正を図るためだ。高度成長期の日本の公害問題の場合は、4大公害と呼ばれた水俣病、第二水俣病、四日市ぜんそく、イタイイタイ病の発生で被害を受けた地域住民が動き、政治家が彼らの声に耳を傾け、1967年に公害対策基本法が成立した（1993年の環境基本法施行に伴い、公害対策基本法も統合され、廃止された）。

公害対策基本法が成立したことで、企業はどれだけ「利益」になったとしても、環境や地域住民の被害を無視してまでビジネスを推進することは不可能になった。公害対策基本法成立以降、日本では企業のビジネス主導の公害発生は抑制される。

それに対し、人治国家である中華人民共和国では、一応、環境保護法という法律はあるものの、その影響を受けるか否かは「政治力」次第だ。無論、北京の共産党政府は、諸外国に対する建前もあり、環境保護に力を入れている「ふり」はする。とはいえ、地方政府は汚染を垂れ流す企業との結びつきが強く、実効力という点ではなきに等しい。

民主主義も同じだ。人治主義が主導し、多民族、多言語、多宗教の人民を「皇帝の権力」で強圧的に支配する歴史を積み重ねてきた中国に、民主主義を導入できるはずがない。繰り返すが、筆者は善悪の話をしているのではなく、単に「中国とはそういう国家の歴史だった」という事実を述べているに過ぎない。別に、

「民主主義は正義で、専制主義は悪だ」

などと、ハリウッドが好みそうな勧善懲悪的な主張をする気もない。単に、日本や西欧と中国は「違う」という話だ。

日本国内（あるいは西側先進国）では、

「中国も経済発展すれば、いずれは民主化される」

などと幻想を抱いている人が少なくないが、とんでもない。封建制度を経験したことがなく、今、現在に至っても皇帝（中国共産党）の絶対権力の支配下にある中華人民共和国で、民主主義が成立するはずがない。

あるいは、旧・帝国諸国が民主主義国になったとしても、西側先進国の「価値観」に沿った形で政治が動くとは限らない。むしろ、旧・帝国諸国で民主主義が「真っ当に機能」すると、思いもかけない結果になることがままある。

## 「独裁」に突き進む中国、ロシア、トルコ

1989年にフランシス・フクヤマが書いた論文「歴史の終わり」では、国際社会において民主主義、自由主義経済が最終的に勝利し、自由と平和、そして安定が無期限に維持されるという「仮説」が提示された。

その後、1991年にソ連邦が崩壊し、フクヤマは「歴史の終わり」が実現したと宣言。民主主義について、絶対的であり、普遍的であり、かつ恒久的なイデオロギーであるとの持論を展開した。

もっとも、21世紀初頭のイラク戦争や、2010年の「アラブの春」以降の歴史は、民主主義が「絶対的、普遍的、恒久的」ではないことを証明した。民主主義は普遍的でも何でもなく、単なる1つの政治決定プロセスに過ぎない。

同時に、まさに中東が代表だが、議会制民主主義が根付くことがない地域が、地球上には確かに存在するのだ。

2018年3月11日、中国の全国人民代表大会は、国家主席の任期制限を撤廃する憲法改正を承認した。結果的に、現・国家主席である習近平氏が「終身国家主席」の座に就くことが可能となった。

習近平総書記は、中華人民共和国としては3人目の「皇帝」を目指しているように見える。

同年3月18日のロシア大統領選挙では、現職のプーチン大統領が76%の得票率で圧勝。現「皇帝」といえるプーチンが、少なくとも2024年までは大統領職を務めることが決まった。

また、2017年4月16日、トルコではエルドアン大統領の「独裁」を実現する憲法改正の国民投票において、賛成票が上回った。改憲が実現すると、首相職が廃止され、大統領の人事権や国会解散権などの権限が拡大する。また、大統領の任期制限も緩和されるため、エルドアン大統領が2029年まで続投することが可能となる。

さらに、2018年6月24日のトルコ大統領選挙では、エルドアン大統領が過半数の得票率で再選された。結果的に、エルドアン大統領は国民投票で成立した新憲法の下で、権限を大幅に拡大した。

再選されたエルドアン大統領は、具体的には「政府高官の任命権」「司法介入権」を手に入れ、戒厳令の宣言も可能になる。西側メディアに言わせれば、「独裁者に一歩、近づいた」という話になるのだろう。

エルドアン大統領は、2002年の総選挙で自党「公正発展党」を勝利に導く。その後は、明らかに「イスラム化」を推進しており、トルコ共和国の初代大統領であるムスタファ・ケマル・アタテュルクの政教分離路線を転換しつつある。トルコ人による「イスラム国家」を目指しているわけで、まさしくオスマン帝国の再来だ。

ケマル・アタテュルクはオスマン帝国の弱体化の理由は、イスラム教にあると分析した。トルコ革命によりトルコ共和国が建国された際、アタテュルクは政教分離を国是とし、文字をアラビア文字からアルファベットに変えた。宗教色の強いターバンやトルコ帽は着用禁止。暦についても、ヒジュラ暦からユウリス暦に変更。さらに、憲法からイスラム教を国教とする条文を削除するなど、徹底的に世俗主義路線を貫く。

エルドアン大統領率いる公正発展党の前身は、1997年に非合法化されたイスラム主義系政党である福祉党だ。2002年に政権を握った公正発展党は、当初は宗教色を抑えていたのだが、次第に「イスラムの党」としての色合いが濃くなっていく。そして、トルコ国民はむしろ「イスラム主義」の公正発展党を支持したのだ。

また、エルドアン大統領は、過去のトルコにおいて政権分離、世俗主義の守護者であった軍の権力を弱体化させた。同時に、それまでは「お飾り」であった大統領職の権限を強める憲法改正に踏み切り、さらに自身が大統領選で再選されたわけである。

トルコの「イスラム化」あるいは「オスマン帝国化」は、民主主義によって進められている。他でもない、トルコ国民がエルドアン路線を支持しているというのが現実だ。

習近平主席の「終身国家主席」にせよ、プーチン大統領の圧勝にせよ、あるいはトルコの国民投票、大統領選の結果にせよ、西側先進国の国民からしてみれば、かなり「腑《ふ》に落ちない」

結果ではある。とはいえ、過去の歴史を見れば「必然」なのだ。なぜならば、歴史上、この地域は封建制を経験したことがなく、権力が「皇帝」に集中した状態が通常であるためだ。中華人民共和国、ロシア連邦、トルコ共和国は、まさに「大清帝国」「ロシア帝国」「オスマン帝国」という、大モンゴル帝国を継承した第二地域の4帝国の後継国なのである。

## 「権威主義」とは何か

中国、ロシア、トルコの政治的リーダーの独裁力強化。別の表現をすれば「皇帝制」の歴史を持つ国々において、いわゆる「権威主義」が勃興している。

権威主義とは、特定の「権威」に個人や社会を服従させる体制になる。分かりやすく書くと、独裁制であり、皇帝制だ。

ちなみに、インドは「世界最大の民主主義国」であり、選挙制度もそれなりに機能している。とはいえ、インドの民主主義が「流血」で染まっているのも確かだ。

初代首相ネルーの娘であり、インド第9代首相を務めたインディラ・ガンジーは、1984年に2人のシーク教徒の警護警官から銃撃を受け、病院に搬送される途中で死亡した。その息子のラディーブ・ガンジーは、1991年に南インドのタミルナドゥ州シュリペルンバッドールという町で、まさに選挙活動中に自爆テロにより暗殺された。暗殺の実行犯は、スリランカの反政府組織LTTEのメンバーで、しかも女性だった。

インドは1858年のムガル帝国滅亡後、イギリス領インド帝国となり、英国政府の統治下に置かれた。そういう意味で、帝国から現代的国家に「革命」された他の3帝国とは事情が異なる。現在のインドは、イギリス領インド帝国がインド共和国、パキスタン、バングラディッシュに分割される形で建国された（厳密には、当初はインドとパキスタンに2分割され、後にパキスタンからバングラディッシュが独立した）。

インド共和国にしても、イスラム教徒やシーク教徒を抱え、さらに500万人以上が日常的に使用している言語が、何と26種類もある。インド政府はヒンドゥー語と英語を公用語として規定しているが、その他に22言語を「指定言語」として定めている。

民族も、宗教も、言語もバラバラの旧・帝国諸国で民主主義を機能させるのは容易ではないことが、インドの現状を見ると理解できる。

ちなみに、観光地として名高いインドのタージ・マハルは、ムガル帝国第5代皇帝シャー・ジャハーンが、亡くなった愛妃を慰めるために建設した壮麗な墓廟である。ムガル朝はもともとイスラム化した遊牧民が建国したティムール帝国の後継国だ。つまりは、イスラム王朝なのである。

というわけで、インドではタージ・マハルが、

「ヒンドゥーに属するのか、イスラムに属するのか」

で、論争が絶えない。日本人からしてみれば、

「そんなの【インド】のタージ・マハルでいいではないか」

と、思うところだが、そうはいかない。「同じ国家の国民」というナショナリズム醸成のためには、それなりの歴史やイベントの積み重ねが必要なのである。日本国民は、自らについて「まず日本国民」という認識であろう。「日本国民の前に仏教徒」「日本国民の前にキリスト教徒」などという人は、まずいない。

とはいえ、世界は必ずしもそうではない。日本同様に封建制度を経て国民国家に成長した西欧諸国はともかく、大モンゴル帝国の系譜を継ぐ帝国諸国の場合、人々のアイデンティティの置き所が「国家」であるとは限らないのだ。何しろ、同じ国民とはいえ民族、宗教、そして言語までもが異なっているわけである。

特に「言語」が多様な国家において、健全なナショナリズムをいかに構築するのか、筆者には想像がつかない。言葉が通じないのでは、政治的議論すらできない。ちなみに、移民国家の代表であるアメリカの場合、国籍を取得したい移民は、アメリカ合衆国憲法への「忠誠の誓い」を果たさなければならない。あるいは、法律が定めた場合に「兵役」に従事することも求められる。さらには、「言語」についてもアメリカ英語が強制された（現在は、かなり緩んでしま

っているが)。アメリカは、膨大な外国人が移民として流入するがゆえに、国籍取得に際し「アメリカ国家への忠誠」を求め、ナショナリズムの醸成を図ったのだ。

日本の場合、何しろ2000年を超す皇統を頂く国家である。しかも、北海道から沖縄まで、民族的にほぼ統一されており、言語も同じだ。

## グローバリズムと帝国

### 日本人は「縄文人」を祖先とする単一民族

誤解している日本人が少なくないが、沖縄に暮らす人々、北海道のアイヌ、そしてそれ以外の地域(本州など)に住む人々は、全て「縄文人」を祖先とする同一民族だ。2001年、総合研究大学院大や国立遺伝学研究所、東京大などの研究チームが大々的に細胞核DNA解析調査を行い、日本人と「縄文人」との遺伝的結びつきを明らかにした。実は、遺伝的には沖縄の人々とアイヌの方々が最も近い関係にあった。本州などの日本人は、弥生時代以降に大陸の渡来人の血が混じったようで、沖縄、北海道の人々との差異が生じたのである。

言語にしても、例えば沖縄の方言であっても、文法は日本語であり、しかも単語的な共通性も強い。例えば、沖縄方言でトンボは「アーケージュー」である。もともと大和王朝では日本列島が「トンボ」に似ているとのことで、日本のことを「秋津洲《あきつしま》」と呼んでいた。秋の虫の代表であるトンボが、やまと言葉で「秋津」だったのである。沖縄のトンボ「アーケージュー」は、日本古来のやまと言葉としては、むしろ正しいのだ。

しかも、沖縄の文字は「ひらがな」であった。多少は漢字も使っていたのだが、それは沖縄以外の日本も同じである。中国や韓国のように「漢文」が使用されていたわけではない。民族も、言葉も、文字も同じであるにもかかわらず、沖縄を日本国と切り離して語るのは奇妙というか、何らかの政治的な意図があるとしか思えない。

また、沖縄の正史「中山世鑑《ちゅうざんせいかん》（1650年）」には、琉球王家の始祖が「源為朝」であると書かれている。源為朝は、源頼朝や源義経の叔父に当たる。

中山世鑑は薩摩の支配下で編纂《へんさん》されたものだ。とはいえ、為朝始祖説は薩摩の琉球遠征（1609年）以前に書かれた「琉球神道記（1605年）」にも記載されている。琉球神道記は浄土宗の僧侶であった袋中《たいちゅう》上人が琉球に上陸した際に、地元の信者に依頼されて書いたものだ。薩摩の支配下に入る以前から、琉球は「日本」の一部だったのである。

当時の琉球は、中華帝国に対する「交易の窓口」であった。ちなみに、琉球時代の沖縄について「琉球王国」などと呼ばれているが、正しくは琉球国である。つまりは、摂津国や薩摩国、山城国と同じ概念の「国」だったのだ。

琉球国は、いわゆる鎖国時代における、明、清との交易ルートであった。オランダ交易における、長崎の出島と同じ位置づけだ。

何しろ、明帝国や清帝国は「冊封体制」の下で、朝貢してくる「国」との交易以外は認めなかった。中華帝国との貿易は、莫大な利益をもたらす。というわけで、薩摩藩は対明、対清では「冊封体制下の朝貢国」という位置づけの琉球を窓口に、対中交易を継続したのである。とはいえ、現実には琉球国が明帝国、清帝国の支配下だった史実はない。

1879年、明治政府が「沖縄県」を設置。琉球国の尚泰王《しょうたい》を琉球藩王に封じ、華族とした。それに対し、清帝国が抗議をしてきたわけだが、日本の外務省は、

「清国が琉球の主権主張の根拠とする朝貢冊封は虚文空名に属するものだ」

「日本が琉球を領有する根拠は、将軍足利義政がこれを島津忠国に与えたときより確定している」

と、清側の抗議をはねのけている。

## 「琉球王国は中国の属国」は嘘

そもそもの問題は、中華帝国が冊封体制下にある国としか交易を認めないことにある。例えば、足利義満は中国（当時は明）との貿易を独占しようとした際に、明皇帝から「日本国王」

の封号を与えられた。文禄の役の和平交渉の際には、明の万暦帝《ばんれきてい》が豊臣秀吉に「茲《ここ》に特に爾《なんじ》を封じて日本国王と為す」という文書を含む誥命《こうめい》を送っている。明帝国が義満や秀吉を日本国王に「封じた」からといって、日本国が中国の属国という話にはならない。沖縄も同じだ。

もっとも、後述するように中華人民共和国、特に現在の国家主席である習近平は、明らかに華夷《かい》秩序に基づく冊封体制の復活をねらっている。結果的に、我が国において、「沖縄はもともとは琉球王国で、中華帝国の属国だった」なる嘘の歴史観が流布され、多くの国民が信じ込んでいる有様だ。沖縄属国説は、中国共産党発のプロパガンダである。正しい「史実」では、沖縄は民族も、言語も、歴史も「日本」であり、中国であったことは一度もない。

冊封体制とは、漢の時代、南越国（ベトナム）や衛氏《えいし》朝鮮の国王を中華皇帝が「封じた」ことが始まりとされる。その後、北方の契丹（遼）や金に対し臣下の立場になった宋の時代、冊封体制は一旦、終わりを告げる。

大元ウルスが南宋を滅ぼすと、ユーラシアは「自由貿易」全盛の時代となり、もちろん冊封体制は復活しなかった。ちなみに、元寇という血で血を洗う戦いを繰り広げた日本に対しても、大元ウルスは交易を禁止しようとはしなかった。

冊封体制が蘇《よみがえ》るのは、朱元璋が大元ウルスの宮廷を北方に追放した明帝国成立以降である。

しかも、本来は大元ウルスの後継国であるはずの大清帝国もまた、冊封体制を継続した。というわけで、日本が中華帝国と交易するためには、琉球国を表向き冊封国とする仕掛けが必要だったのである。

大清帝国は「血統」では確かに大元ウルスの後継国だが、こと経済面ではまるで異なっている。大モンゴル帝国時代、〝ユーラシア島〟を舞台に花開いたグローバリズムは、4つの後継帝国への「分裂」により、終焉《しゅうえん》を迎えることになった。

グローバリズムとは、モノ、ヒト、カネの国境を越えた移動が自由化されることである。大モンゴル帝国の場合、国境を越えるというよりは、国境そのものを巨大化することで、ユーラシアにグローバリズムをもたらした。

モンゴル以降の本格的なグローバリズムは、各種手段により「国境を引き下げる」形で実現した。つまりは、国という枠組みは残ったのである。それに対し、モンゴルは大征服により国境を消滅させ、交易の活性化をもたらした。

ちなみに、筆者は日本国内で「反グローバリズム」の論陣を張っているが、別に多国間の交易を全否定しているわけではない。特定のグローバル資本、グローバリストを利する「のみ」で、国家の安全保障を破壊するような過激な自由化、自由貿易、規制緩和に反対しているに過ぎない。

例えば、日本国内で生産できないモノやサービスを輸入することに反対したことはない。とはいえ、国土的な条件を無視し、コメに代表される食糧安全保障の根幹である農産物が国内で生産不可能になるほどの「自由化」には、明確に反対する。何しろ、外国は外国であって、日本国ではない。外国が自国の国民を飢えさせてまで、食糧を日本に輸出するなどありえないのだ。日本の食糧安全保障が維持されるという条件が満たされる限り、農業の貿易自由化ですら筆者は賛同する。

要するに、グローバリズムという「アイコン」ではなく、安全保障が維持され、かつ国民や外国が「得」をする、適切なグローバル化の水準を探るべきという話だ。いわゆる鎖国と、完全貿易自由化との間には、無限のバリエーションがある。日本国政府は、日本国民のために、完全鎖国と完全自由化との間の「適切なポジション」を模索しなければならないと主張しているわけだが、反グローバリズム的な主張をすると、途端に、

「三橋は鎖国主義者か！」

といった批判を受けてしまう。この手の稚拙な議論は、もうやめるべきだ。

以前、テレビ大阪の番組で竹中平蔵氏とＴＰＰをテーマに討論した際に、

「三橋さん、ＴＰＰは自由貿易です。自由だからやるんです」

と反論（？）されてしまったのだが、別に「自由」は絶対的な善でも何でもない。自由を追

求した挙句、国家が存亡の危機にさらされ、国民が危険にさらされるのであれば、自由貿易であっても「悪」ではないだろうか。

## グローバリズム、変遷の歴史

もっとも、大モンゴル帝国のグローバリズムは、何しろユーラシアの大半が「1国」に統合されたわけだ。当たり前の話として、それまで「関税」という形で自由貿易を妨げていた規制は（帝国内では）撤廃された。しかも、生産性が現在ほど高くはなかったため、地元の製品を他の地域に売り込むとはいっても、限度があるわけだ。

具体的に書くと、地元の農産物を大量に他の地域に輸出、あるいは移出したからといって、相手側の食糧生産力が壊滅するなどといった事態は起きえなかったのである。各地域の生産力には限界があったため、交易はあくまで「余剰生産物を交換する」と、それこそ「節度あるグローバリズム」の範囲に収まった。

事情が一変するのが、大モンゴル帝国崩壊後にレコンキスタを成し遂げたスペイン、ポルトガルが主導する「第零次グローバリズム」いわゆる大航海時代以降である。「他国の所得を収奪する」欧州が主導したグローバリズムと、大モンゴル帝国のグローバリズムは、やはり分けて考えるべきだ。

言葉の定義をすると、そもそもグローバリズムの語源であるglobeとは「球体」を意味する。つまりは、地球全土でモノ、ヒト、カネの国境を越えた移動を自由化することこそがグローバリズムとなる。大モンゴル帝国のグローバリズムは、ユーラシアおよび北アフリカにまで広がったが、地球規模というわけではなかった。

定義的な話は脇に置いても、スペイン、ポルトガル以降のグローバリズム、軍事技術が高い国が、低い国を侵略し、住民を虐殺、奴隷化するケース（スペインのコンキスタドールなど）、あるいは産業革命により過剰となった生産力を外国市場に振り向け、自由貿易を強制し、所得を収奪するケース（イギリスのインド支配など）と、大モンゴル帝国のグローバリズムは明らかに違う。つまりは、特定国家が所得や富を独占することが目的になっていないのだ。

大モンゴル帝国は、建国時からムスリム商人、オルトク商人が関わっていたため、帝国外に対しても適用された。スパイス・ロード（海の道）を西へ、東へと航海し、交易を続けるムスリム商人からしてみれば、

「インドは大モンゴル帝国に含まれていないため、交易を禁止する」

などとやられてしまうと困ってしまうのだ。

先にも触れたが、大元ウルスは戦火を交えた敵国との間ですら、交易を禁止しようとはしなかった。クビライ・カーンが「日本討つべし」となったのは、日本国が南宋に硫黄を輸出して

いたためだ。日本は硫黄の他にも、主に木材を南宋に輸出していたが、日宋貿易そのものが問題にされたわけではない。あくまで、火薬の原料となる硫黄を日本が輸出していたからこそ、元寇に至ったのである。

もっとも、南宋が大元ウルスに征服された以降の日本の対中交易は、さすがに現地の官僚からは寒い目で見られたようだ。実際、大元ウルスの官僚による日本からの輸入に対し関税をかけるなどの「いやがらせ」はあった。とはいえ、逆に言えば元寇を退け、クビライ・カーンの顔を潰《つぶ》した日本国であっても、交易船はその程度の扱いで済んだのである。

モンゴル主導のグローバリズムが終わったのは、洪武帝（朱元璋）による大元ウルスの北方追放が原因だ。日本国民の多くが理解していないだろうが、洪武帝が南京を首都とする「明」を建国し、大都（北京）のモンゴル王朝を北方に追いやった後も、大元ウルスは普通に存続した。モンゴル高原を中心とする。いわゆる「北元」である。

大元ウルスは、洪武帝の北伐により「南の領土を失った」に過ぎないのである。ちなみに、中華の王朝が滅びる際に、皇帝や皇族が無事に別の領土に避難し、宮廷が存続したのは、長き中華の歴史において、北元が唯一の例である。

中華帝国は、北元を除くと全てが「易姓革命」という形で王朝が終わる。易姓革命とは、「徳を失った王朝を天が見限り、革命（天命を革める）が起きる」

という考え方だ。易姓革命による王朝の「交代」の際には、旧王朝の皇族たちは、基本的には皆殺しにされる。そして、新皇帝は前王朝の「悪逆非道さ」を強調することで、自らが新たな支配者の座に就いたことを正当化しようとするのだ。

そういう意味で、洪武帝は易姓革命に失敗したことになる。何しろ、前王朝の非道さを強調しようにも、北元の皇族たちはモンゴル高原でピンピンしているのだ。易姓革命の論理にしたがい、天が見放したのであれば、大元ウルスの皇族は死に絶えなければならないはずだが、そうはならなかった。

さて、新たな中華の皇帝となった洪武帝は、冊封体制を復活させると共に、北元との国境に「万里の長城」を築き、北方遊牧民の侵入を防ごうとした。実は、現在の中国に残され、観光名所となっている万里の長城の大部分は、明の時代に築かれたものだ。

明帝国が冊封体制に戻り、万里の長城が築かれたことで、東アジア地域のグローバリズムは終わりを告げる。結果的に、日本は中華との交易を継続するため、足利義満が「日本国王」（名目上だが）に封じられ、かつ琉球国が冊封国として大陸に接しなければならなくなった。

話は、東アジアにとどまらない。

洪武帝が大元ウルスをモンゴル高原に放逐したことに激怒した人物がいた。前章でも取り上げたが、チャガタイ・ウルスの後継者たるアミール・ティムール・キュレゲン、すなわちティムールである。

ティムールが「明討伐」の最中に病没したことには触れたが、明帝国の成立により中央アジアにおいても敵対関係が生まれ、東西の自由交易は「過去の遺物」と化してしまった。すなわち、国境の復活である。

さらに、フレグ・ウルスの後継国であるオスマン帝国は、バルカン諸国をはじめ、キリスト教国に対する攻勢を強めていく。オスマン帝国はギリシャをはじめとするバルカン諸国、ハンガリー、チェコ・スロバキアに至る広大な領域を征服し、2度にわたりウィーン包囲を敢行した。

結果的に、インドネシアの香料諸島からヨーロッパに至る「スパイス・ロード」が閉ざされてしまう。拙著『日本を破壊する種子法廃止とグローバリズム』(彩図社)に詳しいが、ヨーロッパで生きるためには「スパイス」が必需品だ。

ユーラシア島のご多分に漏れず、欧州の人々は牛や豚など、牧畜による畜産物から「タンパク質」を得ていた。干し草の保存ができなかったため、家畜はほとんどを秋に屠畜せざるをえなかった。中世欧州の人々は秋に家畜を殺し、肉を塩漬けにし、冬を乗り切るために保存したのである。塩漬け肉は、日が経つにつれて腐敗臭が酷くなる。もちろん、味も劣化する。そもそも、味わいが単調この上ない。

とはいえ、何しろ他に食べる物がないわけだ。欧州の人々は春を迎えるまで、腐った肉、あるいはせいぜいが干した魚を食べざるをえなかった。

そこで、香辛料（スパイス）の出番というわけだ。具体的には、胡椒《こしょう》に加え、香料諸島（現インドネシア）やセイロン島、インド、マレーシアなどで採れるナツメグ、クローブ、シナモン、メース、カルダモンなどになる。スパイスは塩漬け肉や干し魚の嫌な臭いを消し、殺菌作用もあり、かつ味覚的にも食べやすくしてくれる。また、スパイスは肉の防腐剤としても役に立つ。欧州の香辛料の需要は「無限」に近かったが、供給はインドネシアからインド洋、紅海、地中海を経由する細いルートしかなかった。

その細いルートまでもがオスマン帝国に封じられ、欧州でスパイスの価格が高騰。

結果的に、レコンキスタを完了させ、勢いに乗るイベリア半島の国々が「新航路」開拓に乗り出し、第零次グローバリズム、大航海時代が訪れる。「大航海時代」という呼び名は、実に「西欧史観」的である。何しろ、ヴァスコ・ダ・ガマがインドのカリカットに到着する以前から、スパイス・ロードではムスリム商人、中国商人によるスパイス交易は盛んだった。大航海時代とは、要するに欧州からアジア、アメリカに至る「新航路発見」という話に過ぎない。

それはともかく、明帝国やオスマン帝国の興隆により、ユーラシアの各地に事実上の「壁」（長城は物理的にも壁だが）が建設され、大モンゴル帝国のグローバリズムは終焉を迎える。

先にも触れたが、琉球国は明、清との交易をするために、中華帝国の「冊封国」としての顔を持つ必要があった。日本側からしてみれば、長崎の出島同様に「支那に対する交易窓口」としての琉球国が、建前上、中華の冊封下に入らざるをえなかった。ところが、「交易窓口」という史実が現代において、

「沖縄はもともとは琉球王国で、中華帝国の属国だった」

なる、中華人民共和国のプロパガンダに利用され、かつ「沖縄独立」といった荒唐無稽《こうとうむけい》な運動が行われているのである。沖縄の独立は、鹿児島の独立、あるいは東京、京都の独立同様にナンセンスであるという「歴史的事実」を知ってほしい。

沖縄は民族的、言語的、歴史的に「日本国の一部」であり、中華の属国だったという事実はない。大モンゴル帝国分裂によるユーラシアのグローバリズム崩壊の余波を受け、日本の対中交易の窓口として冊封国の「顔」を持つ必要があったに過ぎない。

改めて考えると、中華帝国の冊封体制は、極めて強固な「Trade Agreement（貿易協定）」である。何しろ、冊封体制という協定に入った国とのみ、交易が許されるのである。

しかも、中華帝国と貿易を許された側は、皇帝に冊封されたという名分に加え、元号の使用など、様々な条件を満たさなければならない。独立国家が、

「我が国は中華の皇帝に封じられた国家である」

とやるわけで、屈辱的な条件ではある。とはいえ、そこまでしても、中華帝国と交易することには「旨み」があった。

もともと島津家の薩摩藩があった地域は、桜島などの活火山から火山灰が降り注ぎ、農耕には向かない地域だ。火山灰が雨で固まると、まるでセメントのように土壌を覆い、雨水がしみこまなくなる。さらには、火山灰が枝や葉で固まると、作物の生育が阻害される。

それにもかかわらず、薩摩藩の島津家は「維新」の主役の1人を演じた。理由は何なのか。もちろん、琉球国を支配下に置いたことで、当初は対明、明滅亡後は対清交易を独占したためだ。かつ奄美《あまみ》産の砂糖なども大いに利益を上げ、薩摩は強国と化し、最終的には明治維新につながったのである。

薩摩および琉球の対中貿易が、現在は「沖縄独立運動」などという、中国共産党発としか思えないプロパガンダに活用されてしまっている。

## 「中国依存」は中華帝国の冊封体制

中華帝国の冊封体制、すなわち「交易」を餌に相手国を従属させるという手法は、現代の中国共産党にも受け継がれている。数年前まで、日本国において、

「日本経済は中国に依存している」

というレトリックが大流行していた。

筆者は「データ」を示しつつ、日本経済「中国依存論」を批判し続けたわけだが、日本の対中輸出はGDPの2％程度でしかない。国民経済のわずか2％の生産が、対中輸出向けに過ぎないのである。それにもかかわらず、ありとあらゆる新聞、メディアが、

「日本経済は中国に依存している」

を連呼した。これは、大変危険なことだ。

スイス政府が発行した『民間防衛―あらゆる危険から身をまもる』（原書房）のP244に、以下の一節がある。

『経済的戦争

ある大国元首の「政治的告白」の、もう一つの抜粋：

われわれの経済的・社会的制度は、いつかは、われわれが世界を征服し得るほど優越している。世界征服が、われわれの目的なのだ。だから、われわれの計画の実現に反対するものは、すべて排除する。

世界を征服するということは、われわれが敵に宣戦を布告し、わが軍をもって敵を粉砕するしかないというわけではない。われわれには、同じくらい効果的で、もっと安くつく方法があ

る。

まず、われわれの物の見方にまだ同調していないすべての国において、われわれに同調する組織を強化拡大せねばならない。そして、地球上のすべての国々において、われわれの同調者たちに、その国の権力を少しずつ奪取させねばならない。

同調者たちがそれに失敗した国では、われわれは永久革命の状態をつくり出す必要がある。混乱の中で、経験と訓練を積んだわれわれの同志は、だんだん頭角を現していくだろう。

革命が困難と思われる国においては、われわれが差し出す有利な条件を受け入れようとする、その国の労働者階級の絶望と空腹の状態を、十分に活用しよう。

もっとも経済効率の高い戦法、つまり、最も安上りのやり方は、常に、あらゆる方法で、その国を経済的沈滞—不景気に陥れることである。腹のへった者は、パンを約束する者の言うことを聞くのだから。』

相手国を支配下に置くことを目的としたとき、別に軍事力を行使する必要はないのだ。経済的に、相手国が自国に依存していると「思わせれば」いい（実際の依存度は無関係）。

まさに、スイスの民間防衛がいみじくも語っている通り、腹のへった者はパンを約束する者の言うことを聞く。誰だって「飢える」のは嫌だ。

中国との関係が悪くなれば、日本の対中ビジネスが立ち行かなくなる。そうなると、日本人は所得を稼げず、貧困化し、飢えるしかない。

といった「事実無根」「根拠皆無」な認識が日本に蔓延《まんえん》すると、国内で次第に「中国に逆らってはならない」といった世論が醸成されていく。日中関係が悪化した際には、日本の経済人がこぞって、

「中国を刺激してはならない。日本経済は中国に依存している」

と、中国共産党が望む通りの発言をし、政治を動かすことすら可能なのだ。

仮想敵国に経済が依存することは、実質的な「属国化」に等しい。加えて、そもそも日本経済は別に中国に依存しているわけでも何でもない。何しろ、日本国は世界の主要国の中でブラジル、アメリカについで「輸出に依存しない経済」を実現している。

図9の通り、2017年の日本の輸出依存度、すなわち「財の輸出÷名目GDP」は14.33%に過ぎず、中国よりも低い。日本は中国以上に「輸出に依存していない経済」を実現しているのだ。しかも、輸入依存度はアメリカよりも低い。信じられないだろうが、日本経済はアメリカ以上に輸入に依存していない。

個人的な「感覚」「印象」で物事を考えてはいけない。日本はアメリカ並みに輸出、輸入に依存していない経済を実現しているというのが、データで示す事実である。

| 図9 | 2017年　主要国の輸出依存度、輸入依存度

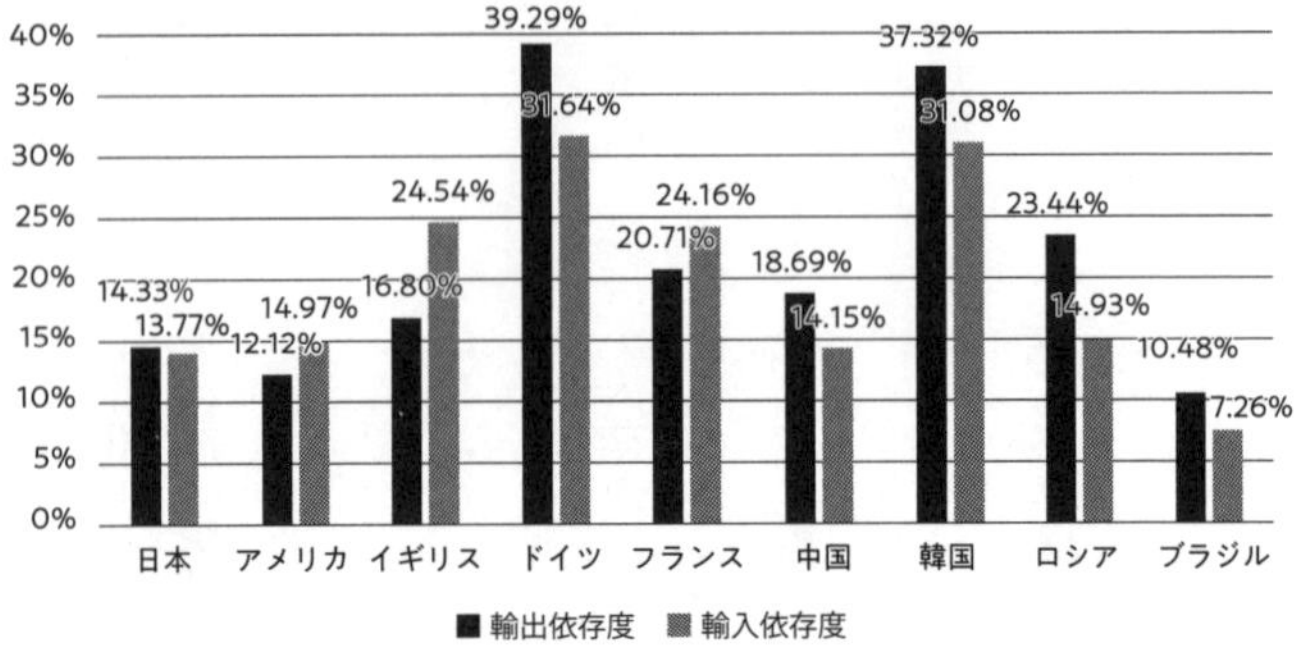


出典：JETRO
※中国のみ2016年
※輸出依存度＝財の輸出÷名目GDP, 輸入依存度＝財の輸入÷名目GDP

それにもかかわらず、日本経済は中国依存といった根拠不明なキャンペーン（としか思えなかった）が展開された。もちろん、日本経済は中国に「全く依存していない」と言いたいわけではない。とはいえ「依存している」といった主張をするのであれば、数値データは必須であろう。

日本経済の対中依存度はゼロではないが、数値データで見れば2％そこそこに過ぎない。そもそも、日本経済の輸出依存度自体が低い。中国の方が、経済の輸出・輸入依存度が高い。これが「事実」である。

ところが、日本では「日本経済は中国依存」といった荒唐無稽な論調が大流行し、いつの間にか事実のように受け止められてしまう。なぜなのだろうか。

とりあえず、日本国の「言論の自由」が悪い影

響を与えているのは間違いない。もちろん、筆者は日本国内の言論を統制するべきと言いたいわけではない。とはいえ、世界には言論の自由が認められず、他国に対してさえ様々な「嘘」を用いたプロパガンダを展開している国が現実にあるのだ。

# 権威主義諸国の優位

## 「言論統制」と「歴史捏造」の強み

封建制度が発達しなかった第二地域の特徴の1つに、まさに言論の自由の制限がある。

封建制度を経験した国では、民主主義が勃興した。そして民主主義には言論の自由が必須である。逆に、封建制度を知らないかつての帝国の中には、現代においても言論の自由を制限している国は少なくない。代表がもちろん、中華人民共和国である。

中国は中国共産党がメディアを支配下に置き、インターネットを含め、言論を完全に統制している。加えて、中国の場合は共産党が次々に過去の歴史を「捏造《ねつぞう》」してくる。

例えば、2015年9月3日、共産党は天安門広場で「抗日戦争勝利70周年」を記念する軍事パレードを開いた。

そもそも、支那事変や大東亜戦争において、日本軍が戦ったのは蔣介石率いる中華民国軍であり、中国共産党ではない。蔣介石の国民党の軍隊と、毛沢東が率いる共産党の軍隊は、日本敗戦後に支那大陸において血で血を洗う内戦を繰り広げ、数百万を超す両軍の兵士たちが殺し合った。

最終的に、1948年に火ぶたが切って落とされた淮海《わいかい》戦役において、国民党は数十万人の死傷者を出し、敗北。鄧小平が司令官として率いた共産党軍は、国民党軍55万5500人を殲《せん》滅《めつ》したと言われている。

結果的に、国民党軍は勢力を失い、蔣介石は台湾に逃亡。1949年に毛沢東が天安門において、中華人民共和国の建国を宣言したのが「建国」である。

そもそも、日本軍とろくに戦っておらず、中国全土を逃げ回っていた共産党が「抗日戦争勝利70周年」とやってくる。70年前の1945年には、中華人民共和国は成立していなかったにもかかわらず、である。

自国の歴史においてすら平気で嘘をつく中国共産党の、

「沖縄はもともとは琉球王国で、中華帝国の属国だった」

という歴史観を、日本国民の多くが信じてしまう。

日本国は民主主義である以上、言論の自由は保障されなければならない。言論の自由なしでは、民主主義は成り立たない。中国共産党発の「沖縄は中国の属国だった」という歴史観を、いずれかのメディアが報じたとして、それを禁止、統制することはできない。

とはいえ、中国は違うのだ。中国は自国（厳密には中国共産党）を利する、あるいは冊封体制復活など国家戦略に沿う情報を「捏造」し、次々に発信してくる。逆に、中国共産党に不利な情報は報道させず、歴史を都合よく改ざんし、自国民に強制する。

現代の最大の問題、下手をすると「人類の歴史を決定づける」重大な問題が、この「非対称性」にあるのである。具体的には、日本、欧米諸国という第一地域に起源を持つ民主主義国と、中国、ロシアなど第二地域の帝国諸国、あるいは「権威主義諸国」との間の不公平だ。

## 「権威主義国家」の台頭

2016年のクーデター未遂事件を受け、トルコのエルドアン政権は「黒幕」と主張するギュレン運動にかかわる公務員ら約16万人を一時拘束、さらに130ものメディアを閉鎖した。ギュレン運動のフェトフッラー・ギュレン師は、もともとはエルドアン大統領と協力関係にあった。その後、政治対立が激化し、ギュレン師はアメリカに逃げた。

クーデター未遂事件とギュレン師の関係は明らかではなく、さらに師本人が事件との関係を否定しているのだが、エルドアン政権はアメリカに引き渡しを要求。アメリカ側が拒否し、現在に至る米土関係の悪化が始まった。

ギュレン師のクーデター軍との関わりの真相は不明だが、エルドアン大統領がクーデター未遂事件を「好機」ととらえ、ギュレン運動を潰しにかかった可能性は否定できない。ともあれ、クーデター未遂があったからといって、特定の政治グループのメディアを一斉に閉鎖してしまうわけだから、やはりトルコは西側民主主義国ではなく、中露に近い国家としてみるべきだ（親日であるかどうかは、国家のあり方と関係はない）。

2018年5月5日、プーチン大統領の通算4期目就任を前に、ロシアで反政権デモ参加者が1000人以上も拘束された。これは、民主主義や言論の自由を「普遍的な善」とみなす西側メディアにとっては、「許されざる政治弾圧」となる。とはいえ、プーチン「皇帝」側から言わせると、「公共の秩序を維持するための活動」となるのだろう。

しつこく強調したいのだが、筆者は善悪論を語りたいわけではない。単純に「皇帝制」の伝統を持つ地域では、西側（および日本）的な「民主主義は素晴らしい」「言論の自由は尊ばれるべき」といった価値観が通じない。しかも、同地域における権威主義の復活は必然であるという事実を書いているに過ぎない。

厄介なことに、アメリカを覇権国としたグローバリズムが終焉に向かい、現在のように「国家」が経済に関与することが望ましい時期において、権威主義国は民主主義国よりも圧倒的に有利になる。日本のような言論の自由が保障された民主主義国において、政治家が「財政拡大」

と言い出すと、途端に野党やメディアが、

「政府は無駄遣いをするな！」

と、批判の大合唱を始める。

それに対し、権威主義国は何しろ言論の自由もなければ、まともな野党も存在しない。しかも、少々の反対勢力など蹴散《けち》らした上で、国家主導の「資本主義」を推進することができるのだ。

我々は、単純に「民主主義が善、権威主義は悪」という価値観は通じない世界で生きている。この現実を、日本国民は理解する必要がある。

## 正しい「財政政策」をとる中国、とれない日本

2018年、アメリカのトランプ大統領が中華人民共和国に貿易戦争を仕掛けた。

現在のグローバリズムの覇権国は、もちろんアメリカである。グローバリズムとは覇権国が「軍事力」で各国に特定の貿易ルールを強制することでしか成立しない。

国内の総需要不足に悩んでいる状況で、かつ覇権国から「貿易黒字（先方の貿易赤字）」を問題視された国がとるべき政策はなんだろうか。もちろん、政府の財政政策による内需拡大である。まさに、There is no alternative（他に道はない）と断言できるほど正しい政策だ。

財政政策で需要が創出されれば、覇権国からの輸入が増える。国内の供給能力が内需に向かえば、輸出も減る。

結果、覇権国に対する貿易黒字は縮小し、かつ国内の経済も活性化し、一石二鳥となる。

日本の場合、具体的には対米貿易黒字の話である。対日貿易赤字を理由に、不利な日米FTAを推進されるくらいならば、日本側が内需を拡大すればいい。そうすれば、デフレ脱却と対米貿易黒字の削減が同時に達成できる。

アメリカにトランプ大統領という対外貿易赤字を問題視し、「アメリカ・ファースト」と叫ぶリーダーが現れた以上、日本の選択肢は「財政出動による内需拡大」以外にはありえないのだ。ところが、我が国は、財政について相も変わらぬ緊縮路線。内需が拡大しない以上、対米貿易黒字は減らず、アメリカから理不尽な「市場開放」要求を突きつけられる状況が続かざるをえない。

もっとも、世界には日本のような「愚かな国」ばかりではない。嫌になるほど正しい政策を推進する独裁国家がお隣にある。すなわち、中国だ。

2018年8月14日、中国共産党が18年の鉄道建設投資を1兆円超上積みする方針であることが報じられた。

アメリカとの貿易戦争により、鉄鋼などの需要が低迷する。ならば、財政支出による内需拡大ということで、中国は高速鉄道の整備計画を前倒しし、地下鉄の新規建設計画承認も再開。中国国内の高速鉄道の投資が1億元増えると、橋梁や線路などの需要が創出され、鋼材3300トンが使用される。2018年の鉄道建設投資拡大により、鋼材の需要が200万トン増加する。

17年の中国からアメリカへの鋼材輸出量118万トンを上回ることになるのである。外需（アメリカへの輸出）が減るならば、政府が主導し公的インフラの整備により需要不足を解消する。実に真っ当な政策だ。しかも、中国共産党はアメリカが実際に中国製品の関税を引き上げ始めてから、わずか1カ月強で「政府の財政政策による内需拡大」という正しい政策を打ち出したのである。

## このまま日本は中国の「属国」になるのか

これが日本の場合、どうなるだろうか。

我が国は、過去20年以上もの長期にわたり、デフレーションという総需要不足に苦しんでいる。なぜ、デフレが続くのかといえば、政府が緊縮財政（増税＋政府支出削減）路線を改めず、需要不足の状況が続いているためだ。

そして、需要が不足すると所得も減る。国民経済において、需要と所得（および生産も）はイコールになる。デフレによる需要不足は、所得停滞と同じ意味を持つ。さらに、我々は所得から税金を支払っている。すなわち、デフレで需要や所得が低迷すると、税収が足りなくなってしまうのだ。

税収が不足すると、政府は赤字国債を発行せざるをえない。結果的に、政府の負債が増え、メディアや政界、学界、経済界などから、

「国の借金で破綻《はたん》する！　政府は増税しろ！　予算を削れ！」

の大合唱が始まる。

とはいえ、話はまるで逆なのだ。政府が増税や予算削減といった緊縮財政を推し進めるからこそ、デフレが継続し、税収不足や赤字国債発行が終わらないというのが真実なのである。

それにもかかわらず、緊縮財政至上主義の財務省によるプロパガンダにより、国民の多くが「日本は国の借金で破綻する。緊縮財政やむなし」といった嘘情報をインプットされ、現実にはありえない財政破綻論が「空気」と化してしまっている。この状況で、政府が、

「デフレ脱却や対米貿易赤字削減のために、財政拡大に転じます」

と、財政政策に乗り出すと、途端に野党やメディア、さらには国民が、

「国の借金で破綻する！　政府は無駄遣いをやめろ！　また公共事業のバラマキか！」

と、過去数十年にわたり続いている陳腐なレトリックを叫び、政府は財政拡大政策に転じる

ことができなくなってしまう。結果的にデフレは続き、さらに国内の供給能力がアメリカに向かうため、対米貿易黒字（先方から見ると赤字）が拡大。

露骨なまでに「アメリカ・ファースト」を貫こうとするトランプ政権から、対日貿易赤字拡大を指摘され、不利な日米FTAや、あるいはアメリカ国内の投資について、

「おカネを出させて頂く」

といった意味不明な政策を採用せざるをえなくなるわけだ。実際、18年8月に始まった新日米貿易協議では、アメリカからの圧力をかわすため、海外におけるインフラ投資を目的とした政府系ファンドを創設し、アメリカ国内のインフラ整備を資金面で支えるとの案が浮上している。

まさに、属国である。

別に、中国やトルコ、ロシアのようにアメリカとの対決姿勢をとれという話ではない。普通に日本国内で財政拡大に転じ、政府主導で内需を創出していけば、アメリカの対日輸出は確実に増える。同時に、国内企業の供給能力が内需に向かうため、対米輸出は減少する。つまりは、トランプ大統領が望む「アメリカの対日貿易赤字削減」は実現するのだ。

内閣官房参与でもある、京都大学大学院の藤井聡教授により「デフレが貿易黒字を拡大させている」実証分析が公表されている。藤井教授によると、日本のアメリカからの輸入に対する

輸出の比率（アメリカの対日貿易赤字の程度）は、デフレータ（＝物価）の水準と変化率、並びに為替レートの３つと、「統計的に意味ある」水準の関係があるとのことである。

より具体的に書くと、デフレータ（物価）が１％上昇すると、日本の対米輸出が「輸入額」に比して７・89％減少する。すなわち、日本が対米貿易黒字を削減したいならば、やるべきことは政府の財政政策によるデフレ脱却以外にはありえないのだ。

それにもかかわらず、政府は緊縮財政路線を改めることができない。結果、アメリカが対日貿易赤字を問題視する状況は継続し、やがては我が国にとって圧倒的に不利な日米ＦＴＡも飲まざるをえない状況に追い込まれるだろう。

これが中国であれば、何しろ野党は存在せず、メディアも党の統制下にあるわけだ。日本のように、政府の財政拡大を妨害する勢力はいない。

言論の自由がある日本は、「正しい政策」を推進しようとすると、中華人民共和国に代表される権威主義国と比べて「不利」になってしまうのである。

もちろん、日本も中国のように言論の自由、政治的自由を制限し、権威主義国を目指すべき、などとは微塵《みじん》も思っていない。不利なら不利な環境の中で、いかにして共産党独裁国家「中国」と対していくべきか、日本国民１人ひとりが考えなければならないという話だ。さもなければ、日本の将来は中国の属国一直線である。

# 第三章

# チャイナ・グローバリズム

## ナチスと中国共産党

### 「全体主義」の恐怖

中華人民共和国は極めて特殊な国だ。何しろ、中国共産党という「党組織」が国家の上に立っている。中華人民共和国は共産党の国家であり、中国人民の国ではない。中国には「中国国民」などいない。存在するのは支配階級である中国共産党員と、被支配階級の人民だけである。

ちなみに、習近平国家主席のタイトルは、正式には、

「中国共産党総書記、党中央軍事委員会主席、国家主席、国家中央軍事委員会主席」

となっているが、実は優先順位も上記の通りである。国家の主席や軍事委員会主席よりも、党総書記や党中央軍事委員会主席の方が「上位」に置かれるのが、中華人民共和国の特徴だ。

先にも触れたが、習近平国家主席は18年3月の中国全国人民代表大会において、国家主席の任期制限を撤廃する憲法改正に成功した。もっとも、何しろ中国では国家主席よりも党総書記の方が「偉い」のである。今後も独裁を強化していき、最終的に「終身党総書記」に就任したとき、めでたく習近平皇帝陛下のご即位となるわけだ。

それにしても、政党が国家の「上位」に立つとは、改めて凄《すご》い考え方だ。ちなみに、国家社

会主義ドイツ労働者党（ナチス）の場合、党と国家を「一体化」させた。ナチス以外の政党を全て解散させ、党組織に国家組織を吸収していったのである。

とはいえ、ナチスはあくまで「ドイツ民族」の党ということになっていた。実態はともかく、建前は「ドイツ民族共同体を、1人の指導者が率いる」システムだった。

ナチスが設立した国民啓蒙《けいもう》・宣伝省の初代大臣はゲッベルスである。就任直後の記者会見において、ゲッベルスは宣伝省の目的について、「政府と民族全体の同質化（グライヒシャルトゥング）」であると語っている。

ナチスの第三帝国は、帝国主義下における英米仏などが進めた海外植民地ではなく「東方の土地」の獲得へと向かうことを目指した。いわゆる「東方生存圏」構想だ。

ナチスの党綱領の第3条には、

「我々は、ドイツ民族の食料供給と過剰人口の移住のために、領土と土地を要求する」

と、書かれている。また、ヒトラーは『我が闘争』において、

「ドイツは毎年ほぼ90万人の人口増加がある。この新しい国民の大軍を養う困難さは、年々大きくなり（中略）、新しい土地や土壌なしには、国民の未来を確実なものにすることはできない」

と、述べた。

ナチスの帝国主義は、ドイツ民族以外の「人間」の存在を否定する。第三帝国が東方に「生

存権」を拡大していくことは、ポーランドやウクライナなど、各国の国民が「邪魔である」という、恐るべき話になってしまうのだ。ナチスはドイツ民族のため、東方を征服し、ドイツ人の生存圏を広げる道を歩んだ。オーストリア併合(1938年3月)、ミュンヘン会談(1938年9月)によるチェコのズデーデン併合、ポーランド侵攻(1939年9月)、さらにはバルバロッサ作戦による独ソ戦開始(1941年6月)など、ナチス第三帝国の基本戦略は、「東方を征服し、ドイツ民族の生存圏を獲得する」ことであった。あくまで「ドイツ民族のための党」という位置づけだったのである。

ドイツは第1次世界大戦に敗れ、海外植民地を全て失った。また、制海権を握るイギリスに対抗するという意味もあり、東方に「大ゲルマン帝国」を建設し、ドイツ民族の生存を確実なものにするという狂気の構想に至った。

東方生存圏を推進したヒムラーは、ドイツ民族性強化国家委員として、アルザス・ロレーヌからユーラシアのヨーロッパ地域の東限、つまりはウラル山脈に至る広大な地域をドイツ軍占領下に置く。占領地域にドイツ民族を植民させ、生存に必要な食料を生産する。「原住民」であるポーランド人やスラブ人は移住させるか、もしくは餓死させるという凄まじい構想を描いていた。ユダヤ人は、もちろん「最終解決(民族浄化)」である。

## 図10 大ゲルマン帝国

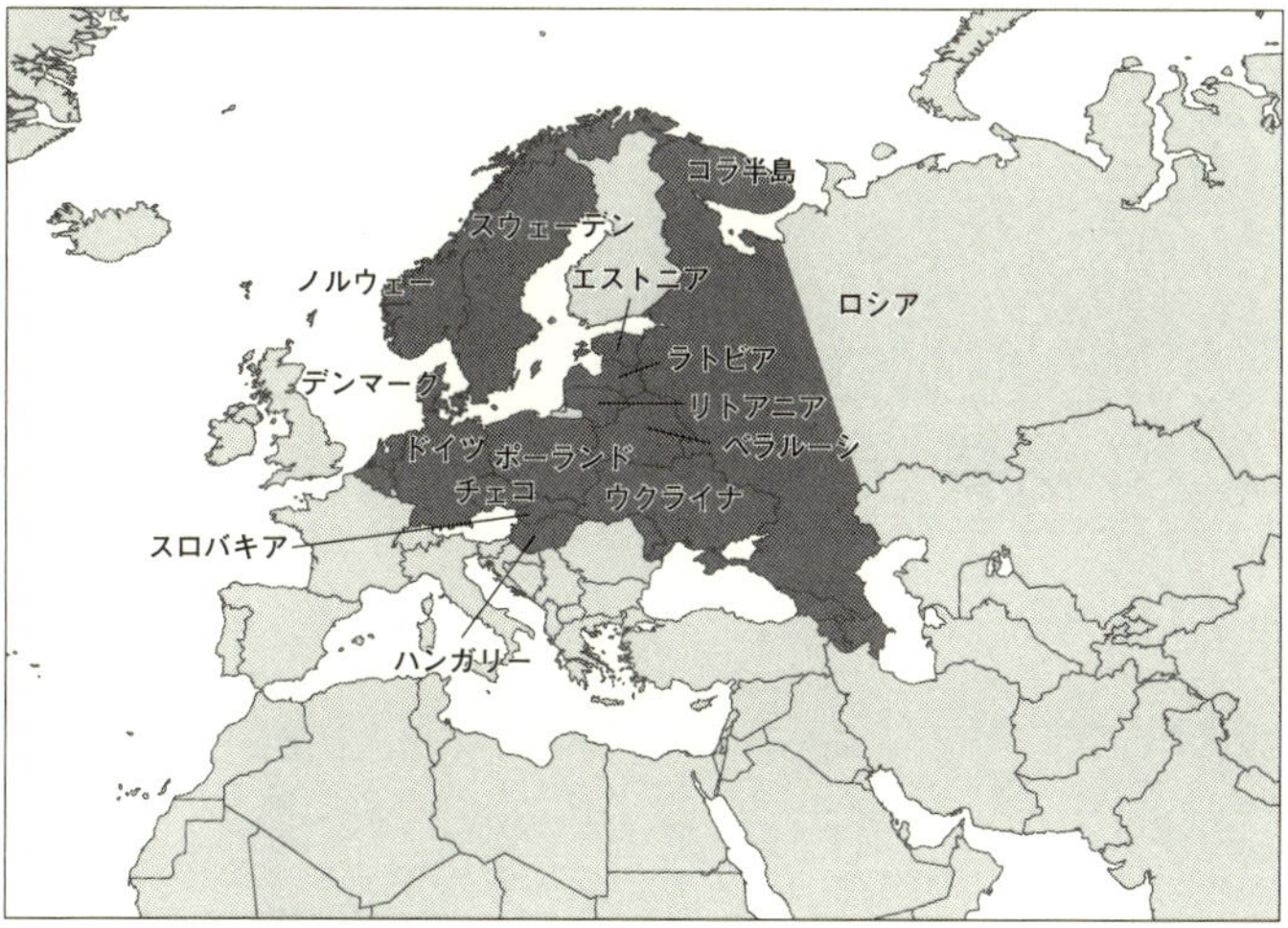


構想された大ゲルマン帝国の領域

実際、ドイツに占領されたポーランドは南東部に「ポーランド総督府」を設立された（1939年－45年）。総督府の管轄下では、ユダヤ人は虐殺され、スラブ系のポーランド人は「農奴」の身分に落とされる。ポーランド総督府領の人口は、39年からの5年間で、何と400万人も減少したのである。

イギリスやオランダ、アメリカやフランスがアジア、アフリカ地域を支配した、いわゆる「帝国主義」は、現地住民から所得、富を収奪することが目的だった。無論、反乱勢力には容赦なく軍事力を行使したものの、住民を絶滅させるという発想はなかった。何しろ、人間がいなくなってしまうと、欧米諸国が望む「所得」や「市場」までも

| 図11 | 経済の5要素

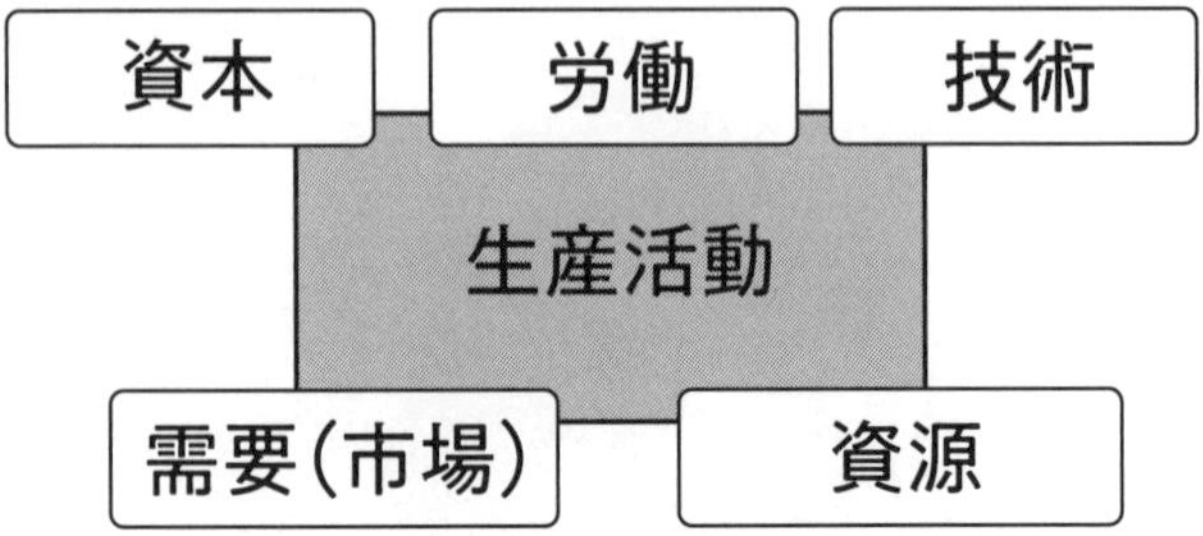


が失われてしまう。無人の地域から所得や富を奪い取ることは、誰にもできない。

**経済を成り立たせる5つの要素**

経済は5つの要素で成り立っている。

すなわち、資本、労働、技術、需要（市場）、そして資源の5つになる。5つのうち、どれか1つでも欠けてしまうと、経済すなわち「生産活動」は成り立たない。

生産活動とは「経済」そのものだ。厳密には実体経済であるが、経済とは資本、労働、技術、需要、資源の1つでも欠けてしまうと成り立たない。

資本とは、具体的には道路、トンネル、橋梁、鉄道網、空港、港湾、発電所、送電線網、電波塔、通信ネットワーク、ガスパイプライン、上下水道網、建築物、工場、機械・設備、運搬車両といった「生産のために必要な資産（＝生産資産）」を意味している。

労働は、もちろん労働者。労働者が資本を用い、生産活動に従事する。これが経済の基本だ。もっとも、当たり前だが資本を蓄積するためには「技術」が不可欠だ。何しろ、技術なしで交通インフラやライフライン、情報ネットワーク網や工場、大型トラック等は作れない。技術が十分に蓄積されて初めて、資本の生産が可能になる。分厚い資本の上で労働者が働き、生産性を高めていく。これが、資本主義の基本だ。

もっとも、資本、労働、技術は、いわば「供給」の3要素になる。どれほど供給能力が高かったとしても、需要、市場が存在しなければ意味がない。需要に対し、供給能力が過大になると、今の日本がそうであるが、経済はデフレーションに陥る。

さらに、現在の生産活動では資源が必須だ。そもそも、原油や石炭、ＬＮＧといった化石燃料なしでは「電力」という最重要インフラすら動かせない。日本の場合、国内から化石燃料がほとんど産出されないため、外国から輸入する必要がある。外国から鉱物資源を輸入する際のタンカーも、別の鉱物資源を原材料として建造される。

経済について考える際には、経済の5要素のうち「どれを自国で賄うか？」が極めて重要になる。例えば、ムガル帝国を滅ぼしたイギリスの植民地経済は、資源と需要（市場）をインドに委ねた。インドの農民に綿花（資源）の生産を強制し、イギリス資本の鉄道で港まで運ぶ。

綿花はイギリスに送られ、イギリス人労働者により綿製品へと化ける。イギリス国内で生産された綿製品の市場は、もちろんインドだ。

イギリスのインド支配は、需要、資源をインドに委ね、最も付加価値が高い綿製品の生産は自国で独占するという形で所得、富が収奪された。無論、上記の搾取構造の背景には、イギリス国内の技術革新、すなわち産業革命により、綿製品の生産性が極端に上昇したことがある。産業革命により、綿製品はインドで「安い人件費」を用いて生産するよりも、イギリス国内で機械生産する方が安くなった。インド市場においてイギリス綿製品は価格競争力を持つに至る。かつては世界最大の製造量、輸出量を誇ったインドの綿産業は壊滅。インドはイギリス綿産業の原材料（綿花）提供地であり、同時に市場に落ちぶれてしまったのだ。結果的に、綿製品に関連した所得が貿易黒字としてイギリスに流入した。

イギリス以外の欧米諸国の帝国主義も、基本的には同じパターンであった。アジアやアフリカを自国経済の「需要」と「資源」の担当と定義し、生産による付加価値のほとんどを自分たちが独占するわけだ。

## 他国を管理・支配するのが得意なイギリス

例外が、日本とドイツである。

イギリス式植民地帝国においては、同じ「人間」を管理するという発想が欠かせない。というよりも、インドを支配したイギリスのインド庁の官僚たちは、インド住民を同じ人間であるとは認識していなかっただろう。遊牧民の文化的影響を受けたイギリスは、むしろユーラシア・ステップの人々よりも、

「他国の人間を、異なる階級の人間として管理する」

ことが得意であった。

それに対し、日本は遊牧民の文化から全く影響を受けず、「迷える子羊」を超越者が管理するという一神教も普及しなかった。日本は日清戦争で台湾を割譲され、1910年には大韓帝国を併合した。結果的に、台湾や朝鮮半島の人々を当時の日本人が「管理」しようとしたのかといえば、さにあらず。日本は台湾、朝鮮半島の人々を「同じ国民」として遇しようとした。具体的には、交通インフラを整備し、経済を発展させ、人々を教育し、最終的には国政選挙権までをも与えようとしたのである。

イギリスは、確かにインドの鉄道網に莫大な資金を投じ、資本を形成していった。とはいえ、インドの鉄道の目的は、

1．インド産綿花を速やかに港に運び、イギリスに移送する

2．イギリス産綿製品を速やかにインドの各市場に届ける

と、あくまでイギリスのビジネスにおける利益最大化だったのである。

さらに、植民地の住民に教育を与えるなど、とんでもない話だ。イギリスにせよ、オランダにせよ、フランスにせよ、植民地の住民を文盲のまま放置し、言語的な分断をむしろ加速した。理由は、下手に植民地住民を教育し、言語も統一してしまうと、住民同士の情報交換が加速し、大反乱を招きかねないためだ。

分かりやすい表現をすれば「愚民化政策」だが、遊牧民の羊飼い式に植民地住民を管理する場合、多数派には情報を与えず、一部のリーダー的存在、つまりは「羊のリーダー」を完全な支配下に置き、全体を動かす方が合理的だ。あるいは、現地住民とは異なる民族を「準支配層」として流入させ、間接支配を行うわけである。例えば、イギリスのミャンマー支配は、インド人や華人が準支配層として大量に入り込み、現地人に対する過酷な搾取・弾圧政策が推進された。その場合、現地住民に恨まれるのはインド人や華人であり、その裏にいるイギリスはダメージを受けにくくなる。

同じ「帝国主義」の国であっても、イギリスをはじめとする欧米諸国と日本とでは、現地の人々に対する考え方がまるで違うのである。そして、その差異を生み出したのは、「ユーラシア・ステップの遊牧民から文明的な影響を受けたか否か」なのだ。

## ナチスより凶悪なのが中国共産党

ところで、ドイツの場合はイギリス同様に遊牧民の影響を受けた文明を構築してきた。とはいえ、第1次世界大戦でドイツ帝国が解体され、海外植民地を全て失った。その上で、ドイツ民族の「生存圏」確保ということで、東方生存圏の発想が生まれたのだ。

図11でいえば、資本と技術をドイツが提供。労働については、ドイツ人を東方の占領地域に入植させ、スラブ人を奴隷化し、酷使する。資源も収奪し、市場は大ゲルマン帝国全域という狂気の帝国主義を真剣に推進したわけである。

しかも、ナチスは優生学に基づき、不要な民族、具体的にはユダヤ人、ロマ（いわゆるジプシー）、同性愛者は「不適格」ということで、組織的に殺戮《さつりく》した。まさしく、遊牧民の家畜の血統管理、生殖の必要のない「雄」は去勢するという発想が、極端な形で「人間」に適用されたのである。

もっとも、ナチスの政策は、善悪の話をするならば明らかに「悪」なのだが、ドイツ民族（アーリア人）に基盤を置いていたのは確かである。

ドイツは梅棹忠夫の文明の生態史観によると、第一地域に属している。すなわち、ドイツではイギリスや日本同様に封建制度が発展した。

ビスマルクのドイツ帝国（ナチスの言う第2帝国）は、神聖ローマ帝国内のドイツ民族の諸侯（封建領主）たちが力をつけ、特に突出して発展したプロイセン王国を中心に建国された連邦国家であった。実は、ドイツにおける普通選挙は、ドイツ帝国成立（１８７１年）以前の１８４８年が始まりだ。

１８４８年の３月革命の際に開かれた、ドイツ統一を目指した「憲法制定ドイツ国民議会」（フランクフルト国民会議）がドイツにおける最初の「国民議会」なのである。もっとも、その後はドイツ統一の手法で紛糾し、統一が実現しないまま１８４９年に解散してしまったが、改めて考えてみると神聖ローマ帝国の皇帝は「公選制」であった。１３５６年以降は選帝侯たちの合議により、神聖ローマ皇帝が決まっていたわけである。

ある意味で、ドイツは「封建制度」が「議会（合議により決定する）」に直結した分かりやすい例だ。皇帝というドイツ諸侯の最高権力者ですら、選帝侯たちの合意を得なければ玉座に座ることができなかったわけである。

もともと「議会制民主主義」の土壌があったためなのか、ビスマルク宰相率いるプロイセン王国主導でドイツが統一され、ドイツ帝国が成立した１８７１年時点で男子の普通選挙が実現した。ドイツ帝国の帝国憲法に則り、帝国議会でドイツでは初となる全国的な男性普通選挙が実施されたのだ。

その後、第１次世界大戦後の１９１８年末に選挙法を改正。20歳以上の男女による秘密投票による完全な普通選挙制度が導入された。１９２９年に世界大恐慌が勃発し、ドイツは失業率が40％（！）を上回る超デフレーションに突入する。結果的にドイツ国民のルサンチマンが高まり、ナチス・ドイツが権力を握るに至るが、ナチスの政権獲得の背後には、それまでの80年間もの、議会制民主主義の伝統があったのである。

というわけで、ナチス・ドイツであっても「ドイツ国民」を無視して権力を行使することはできなかった。ナチスを権力の座につけたのは、紛れもなく「ドイツ国民の1票」なのである。ヒトラー率いる政権に立法権を無制限に与えた「全権委任法（民族および国家の危難を除去するための法律）」にしても、一応、民主主義的なプロセスを経て成立したのである。

すなわち、ドイツ民族以外を「人間」扱いせず、まさに家畜のごとく「使用」したナチスの帝国主義であってすら、一応はドイツ民族に帰属していたのだ。無論、全権委任法成立以降のナチスは、完全なる独裁政権である。とはいえ、建前は「ドイツ民族の党」というスタイルを崩さなかった。

それに対し、同じ「党」であっても中国共産党の場合は、中国「民族」とは無関係だ。そもそも、ドイツとは異なり、中華人民共和国はもとから多民族、多言語、多宗教国家である。中国といえば「漢人の国」という認識は、完全に誤解だ。チベット「民族」やウイグル「民族」以外にも、中国には多数の少数民族が住んでいる。さらに現在は漢人と呼ばれる人々にしても

「漢（劉邦《りゅうほう》の漢）」と民族的につながっているわけではない。何しろ、中国は繰り返し北方遊牧民の侵略を受け、混血が進み、民族が混ざり合ってしまっている。ちなみに、日本が本格的に大陸と接触を開始した時期の中華帝国、すなわち隋、唐は、共に鮮卑族拓跋《たくばつ》部の王朝である。鮮卑とは、匈奴が弱体化した後にユーラシア・ステップを支配した遊牧民の帝国になる。

中国共産党は、中国という「国家の政党」でも何でもない。ナチスのような「民族の政党」ですらない。しかも、中国は封建制度を経験していないため、議会制民主主義も存在しない。一応、中国人民代表大会の選挙はあるが、候補者は「党」による事前の審査を通らなければならない。審査をクリアできない者は、立候補することすら認められない。結局は、中国共産党の意向により人民代表大会の代表（議員）は決まる。

中国共産党は、国家を超越した上位概念として、いわゆる漢人と呼ばれる人々が住む地域はもちろん、周辺の「夷狄《いてき》の国々」をも冊封体制に組み込み、支配下に入れていくという中華帝国の伝統と、現代的な政党組織が合体して作られたキメラである。中華帝国は、周辺諸国を東夷、北狄、西戎、南蛮であると蔑《さげす》み（ちなみに日本は東夷）、中心部の優越的な文化（と、本人たちは考えている）を受け入れることで、帝国に組み込んでいくという、狂った華夷思想を何千年も持ち続けた。

## 世界の属国化を図る中国

### 2人の独裁者、毛沢東と鄧小平

現代の中華人民共和国、いや中国共産党は、明らかに冊封体制の復活をねらっている。というよりも、習近平が真の意味で「皇帝」になるためには、冊封体制を蘇らせ、周辺の夷狄どもを中華（厳密には中国共産党）の冊封下に組み入れるという「実績」が必要なのだ。

中華人民共和国には、過去に2人「皇帝」が存在した。すなわち、毛沢東と鄧小平である。

毛沢東は、間違いなく「人類史上、最も多くの人間を死に追いやった男」だ。延安時代の整風運動、1957年に始まった反右派闘争など党内で政争を繰り返し、反対派を弾圧、殺害。さらには大躍進政策で数千万の人民を餓死に追いやり、1976年には文化大革命を開始。中国の「運動」や「政策」にはやたら美名が使われるが、大躍進は飢餓運動で、文革は国内における政治的大弾圧である。

加えて、毛沢東傘下の中国人民解放軍は1949年に東トルキスタンを侵略、55年に新疆ウイグル地区を設置（新疆とは新しい土地、という意味）。1950年にチベットまでをも支配下に置く。現在につながるチベットや東トルキスタンにおける「民族浄化」が始まった。

さらに、1950年10月に「人民志願兵」として人民解放軍を朝鮮半島に派兵する。人民志願兵は無謀な人海戦術を多用し、鄧小平の非公式発言によると40万人が命を失ったとのことである。

もっとも、毛沢東が国民党（日本軍ではない）との戦闘に勝利し、中華人民共和国を建国したのは事実である。つまりは、毛沢東は中華の皇帝たる実績を示した（ということになっている）。

鄧小平の場合、毛沢東に3度も失脚させられ、そのたびに復活した「不死鳥」としてのイメージもさることながら、改革開放を主張し、現実に中国経済を成長に導いたという点が「皇帝」たりうる実績になる。1992年に鄧小平が深圳《しんせん》や上海などを視察し、経済発展を訴えたいわゆる「南巡講話」以降も、成長のための様々な手を打った。

ちなみに、南巡講話において鄧小平が「社会主義と資本主義の違い」について述べているのは、注目に値する。読者の多くは「社会主義」と「資本主義」を対立概念としてとらえられているだろうが、実際には違う。

鄧小平は、

「一部の同志は計画経済を社会主義と、市場経済と資本主義を同一視し、市場主義の後ろには資本主義の幽霊が潜んでいると考えている」

「市場経済にも計画が、社会主義にも市場がある」

と指摘し、国内の保守派（つまりは反資本主義派）を批判した。

資本主義とは、そもそも「資本」を蓄積することで経済成長を目指す経済モデルだ。公共投資や設備投資により、生産資産を積み増し、生産性を高めて経済成長を目指すのが資本主義なのである。日本人の多くは資本について「おカネ」と理解しているが、間違っている。生産資産＝資本を増やすためにおカネを投じるわけであり、おカネ＝資本ではない。

さて、生産のために必要な資本を、主に民間主導で市場が管理するのが「自由主義経済」あるいは「市場主義経済」である。それに対し、資本を国家が保有するのが「社会主義経済」になる。社会主義と対立するのは自由主義（または市場主義）であり、資本主義ではない。何しろ、社会主義国においても道路や交通網、発送電網、工場といった資本を用いて生産していることに変わりはないのだ。

鄧小平の南巡講話からは、彼が「経済」や「資本」について正しく理解していたことがうかがえる。鄧小平は、現在に至る中国の経済成長の礎を築いた実績により「皇帝」となったのだ。

## 習近平の野望

それに対し、習近平の場合は、今のところこれといった実績はない。習近平が国家主席はもちろんのこと、中国共産党総書記に「終身」で就任し、皇帝として即位するためには、大清帝国の領土を取り戻し、冊封体制を復活させ、周辺諸国を属国とするという実績が、どうしても必要なのだ。

中華人民共和国は、別に大清帝国の後継国ではない。そもそも、大清帝国は漢人ではなく、満洲の女真族が建てた王朝である。もともとは漢人を支配していた大清帝国の女真族は、その後の洗国を受け、すっかり姿を消してしまった。現在は満洲人（女真族）は存在せず、満洲語も消滅した。

民族とは、洗国により「消す」ことが可能なのだ。現在のチベット民族、東トルキスタン（ウイグル）民族も、このままでは「消滅する」ことになってしまうだろう。エスニック・クレンジング（民族浄化）は、国連の「ジェノサイド条約」で禁止された、歴とした国際犯罪である。残虐な民族浄化が、チベットや東トルキスタンにおいて、現在進行形で推進されている。

もっとも、中国共産党側は「チベットや東トルキスタンは、もともと中国の一部だった」と主張している。その根拠は、大清帝国時代に北京の女真族の王権がチベットや東トルキスタンに及んでいたことなのである。

大清帝国を基準に考えると、中華人民共和国に「欠けている」のは、直轄地としては香港、台湾、モンゴル高原（現、モンゴル人民共和国）、そしてロシア領である沿海州である。さらに、大清帝国の冊封体制を受け入れていた国々としては、まずは朝鮮半島、それにキルギス、カザフスタン、タジキスタン、ウズベキスタンなどの中央アジア諸国、ネパールやブータン、ミャンマーやベトナムといった東南アジア諸国、そこに「沖縄（琉球王国）」が加わる。中国共産党は、それこそ「100年計画」で、これらの地域を自国領土に加え、あるいは属国として間接領有を目指してくるだろう。

すでに、香港は鄧小平が死んだ直後の1997年に中華人民共和国に返還された。当初、中国は香港について「1国2制度」を維持すると明言していたが、次第に「中国領土」と化す締め付けが強まってきている。香港に高度な自治を50年間は保障するはずの中英共同宣言（1984年）についても、2014年に駐英中国大使館が、

「今は無効である」

との見解をイギリス側に伝えたことが報じられた。無論、イギリス側は「非常識である」と反発した。

イギリスは下院外交委員会議員を香港に送り、中英共同宣言が履行されているか否か現地調査を行おうとしたが、中国側は「内政干渉である」と突っぱねた。

次なるねらいは、台湾であろう。

2016年に民進党の蔡英文が台湾総統選挙に勝利した。一応、蔡英文は急進的な独立派か

らは距離を置いているが、中華人民共和国の属国になるなどという選択肢は絶対に取らない女傑である。しかも、蔡英文政権は「中国共産党という帝国」の拡大路線に異を唱えるアメリカの支持を取り付けた。

アメリカ政府は2018年3月に台湾旅行法を成立させた。同法は、台湾当局とアメリカ間の国務省、国防省を含む行政府高官の相互訪問を促す内容となっている。アメリカとしては、中国共産党による台湾併合は「断固として認めない」姿勢を明らかにしているのだ。

習近平としては、現代のグローバリズムの覇権国であるアメリカという巨大な壁を突破し、何としても台湾について、せめて中華人民共和国の「冊封体制」に取り込まなければならない。中国国営英字紙チャイナ・デイリーは、台湾旅行法が成立した際に、蔡英文総統が「台湾の主権」を主張した場合、台湾の「中国」からの離脱を阻止するため、反国家分裂法発動が避けられなくなるだろうと書いている。

反国家分裂法とは、台湾海峡の両岸関係に関する法律で、台湾の独立宣言時、台湾独立派分子に対する「非平和的手段」を取ることを合法化した法律だ。つまりは、軍事行動に出るという宣言である。

また、モンゴル人民共和国やロシア領沿海州、中央アジア、東南アジアに対しては、さすがに露骨に「侵略」行為はできない。となると、スイス民間防衛ではないが、「経済的」に自国の影響下に組み込んでいくという手法が有効である。

というわけで登場した中国共産党の戦略が一帯一路なのである。一帯一路はシルクロード経済ベルト（一帯）および21世紀海洋シルクロード（一路）において、総合的に交通インフラを整備するという考え方になっている。

## 新シルクロード構想をぶち上げたのはヒラリー・クリントン

実は、新シルクロード構想を最初にぶち上げたのは、ヒラリー・クリントンである。2011年7月20日、ヒラリー・クリントン国務長官（当時）が、中央アジア安定化のため、インドのチェンナイで「新シルクロード構想（New Silk Road）」を発表した。もともとは、アフガニスタン復興のために、旧シルクロード圏の国々にADB（アジア開発銀行）の資金でインフラ整備するアメリカの構想だった。

それを、中国共産党が「丸パクリ」したのである。2012年1月、温家宝首相（当時）が中東歴訪の際に「新シルクロード」について言及。さらに、2012年6月、上海協力機構（SCO）の北京サミットにおいて、胡錦濤国家主席（同）が「鉄道、道路、通信、電力網、エネルギーパイプラインの相互接続プロジェクトの完成努力」について触れ、「古《いにしえ》のシルクロードに新たな意義を付与する」と報じた。

2013年9月には、新たな国家主席に就任した習近平が、カザフスタンのナザルバエフ大学で講演し、中国と中央アジア、ロシア、欧州を結ぶ「陸のシルクロード（新シルクロード経済ベルト）」構想を提起した。同年10月には、習近平がインドネシア国会で中国とインド洋と太平洋諸国を含む「海のシルクロード（21世紀海上シルクロード経済）」構想についても表明。現代に至る「一帯一路」戦略が成立し、実際に中華人民共和国は資金や労働を投入し、アジアのインフラ整備に乗り出した。

ヒラリー・クリントンの新シルクロード構想は、戦禍で荒れ果てたアフガニスタン経済の立て直しが目的だった。ヒラリーの構想に、中国共産党が乗っかったわけだが、東南アジアからインド洋を経由する「一路」を付け加えたところはオリジナルだ。

もっとも、改めて歴史を振り返ると、一帯一路構想はユーラシア・ステップの「草原の道」「絹の道（シルク・ロード）」と「海の道（スパイス・ロード）」を接続したクビライ・カーンのグローバリズム構想に酷似している。というよりも、そのままである。そういう意味で、中国共産党は大清帝国を夢見ると同時に、クビライ・カーン以降の大モンゴル帝国を目指しているといえなくもない。

もともと過度に投資に依存する経済であった中華人民共和国は、2014年以降に完全に「供給能力過剰」に陥った。図11で言うと、「資本」を分厚くすることで経済成長を維持しようとしたのだ。

資本を厚くするとは、具体的には「投資」になる。「資本」におカネを「投じる」からこそ投資だ。

中国は、２０１６年時点で13億７０００万人を超す人口を抱える。中華人民共和国の統計は当てにならず、しかも黒孩子《ヘイハイツ》（戸籍に登録されていない子供）もいるため、正確な数値は分からないが、14億近い人々が暮らしているのは間違いないだろう。

というわけで、本来、中国は「個人消費」を中心の経済成長を志向するべきだった。何しろ、人口が世界最大ということは、消費市場も巨大になるはずなのだ。

ところが、鄧小平時代の中国には図11の「技術」がなく、「資本」を構築するための資金もなかった。中国は「安い人件費の労働者」を餌に、外国資本を呼び込み、技術や資本蓄積を委ねる必要があったのである。

外資の中国進出の前提は、「安い大量の労働者」である。となると、中国共産党は安易に中国人民の賃金を引き上げ、消費中心の経済成長を目指すことはできない。何しろ、人民の賃金水準が上昇すると、外国資本にとっての中国経済の魅力が薄れてしまう。

結果、中国は極端なまでに「投資中心」の経済成長路線を歩んできた。

図12 日米中の総固定資本形成対GDP比率（%）

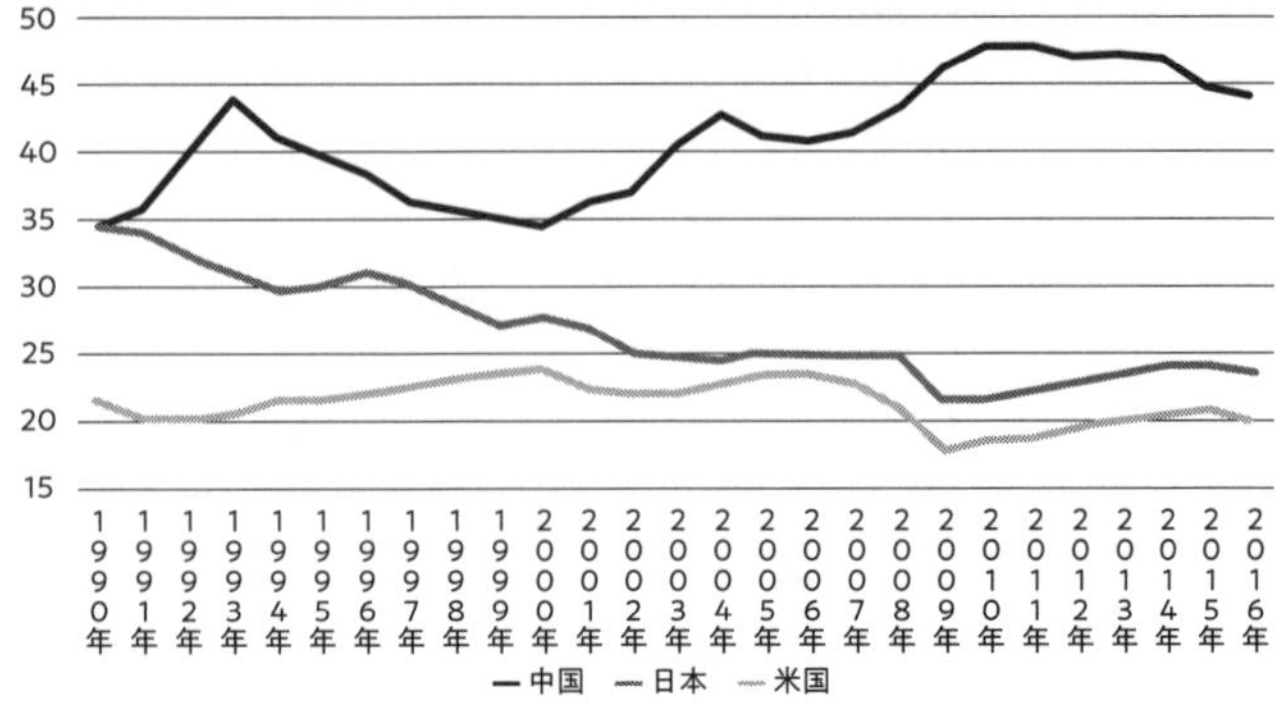


出典:国連

## 世界の「属国化」がねらいの一帯一路

実体経済の総計であるGDP（国内総生産）は、需要面で見ると消費と投資、そして純輸出（＝輸出－輸入）の合計である。投資とは、具体的には民間の設備投資と住宅投資、そして政府の公的固定資本形成（公共投資から用地費等を除いたもの）の3つからなる。3つの投資の合計を「総固定資本形成」と呼ぶ。

図12の通り、90年時点では35％と、日本と同水準だった中国の投資の割合は、2001年のWTO加盟以降に伸びていき、一時は50％に接近した。日本の投資割合が落ちていき、25％を切っているのとは対照的である（日本の投資縮小は、これはこれで大問題だが）。

中国のように巨大な規模の経済において、ここまで投資依存が続いたのだ。当然ながら、中国国内の供給能力は過剰になった。しかも、14年以降は中国の経済成長率も低迷。国内の供給能力を、国内需要では消化しきれない状況になる。

中国経済は、いわゆるデフレギャップ（総需要不足）に陥ったのだ。デフレギャップを放置しておくと、日本のように所得と物価が悪循環を描いて落ちていくデフレーションに陥り、小国化する。というわけで、中国共産党は何としても「新たな需要」を創出し、国内の供給能力過剰問題を解決する必要に迫られた。

だからこその、一帯一路というわけだ。ヒラリーの新シルクロード構想を、大モンゴル帝国におけるクビライのグローバリズムに発展させ、中央アジアや東南アジアに「中国」が交通インフラを整備する。中央アジアでは鉄道網や高速道路網を、東南アジアやスリランカには港湾を建設。中国経済の過剰供給能力を消化する。資金はもちろん、AIIB（アジアインフラ投資銀行）もしくは対象国の政府に出させる。対象国に資金がない場合は、中国側が高金利で貸し付ける。さらに、労働者についても大量の中国人を送り込み、そのまま現地に居つかせ、洗国の皮切りとする。

交通インフラを建設し、ユーラシア・ステップとスパイス・ロードを結びつけることで、旧・大モンゴル帝国の国々の経済的な結びつきを強める。もちろん、同時に「中国経済」への依存度を高め、各地域は、

「自国経済は中国に依存している」

となり、中国共産党の冊封体制下で属国と化していく。よく考えられたスキームだ。

特に、国内のインフラ整備のために中国から高利で借りたカネを返せなくなった場合、スリランカのハンバントタ港が代表例だが、インフラそのものを奪われる羽目になる。ハンバントタ港は、スリランカ政府が対中債務について返済不可能となった結果、99年間、運営権が中国に譲渡されることになってしまった。まさに、帝国主義時代の植民地そのままである。

一帯一路構想が凄いところは、交通インフラが整備される現地国の雇用にすらならないという点である。何しろ、建設に従事するのは中国企業であり、中国人労働者なのだ。一帯一路構想は、中国の移民送り出し政策を兼ねている。一帯一路を切っ掛けに、中国人が流入し、現地に住み着く。在住の中国人が増えていけば、やがては政治力を持ち、さらには人民解放軍や中国共産党官僚が送り込まれ、洗国が始まる。現地の女性は漢人との結婚を強いられ、男性は中国本土（中華人民共和国）に移される。やがては、満洲と同じように民族が消滅し、中国共産党の帝国の一部と化すわけだ。

とはいえ、グローバリズムの教義に従えば、モノ、ヒト、カネの国境を越えた移動の自由化は「常に善」という話になる。例えば、中国がスリランカに資金（カネ）を貸し付け、労働者（ヒト）を送り込み、中国資本の交通インフラ（モノ）を建設する。結果的に、相手国が中国

依存を強め、属国、冊封国の立場に落ちぶれたとしても、

「そんなものは自己責任」

という話なのだ。

つまりは、中国の一帯一路戦略はグローバリズムの教義に沿っている。それ以前に、WTO加盟以降の中国経済の成長は、ひとえにアメリカが覇権国として主導した第2次グローバリズムのおかげなのである。

## グローバリズムの恩恵を受けた中共

ちなみに、筆者はスペイン、ポルトガルが主導した「いわゆる大航海時代」を第零次グローバリズム、イギリスが金本位制を採用した1816年から第1次世界大戦までを第1次グローバリズム、1991年のソ連崩壊以降を第2次グローバリズムと定義している。

第一章で解説した通り、グローバリズムとは「自由な市場」でも何でもない。特定の軍事強国が覇権国として、支配地域の国々に自由貿易的なルールを「強制」することこそが、グローバリズムだ。第1次グローバリズムの覇権国はイギリス、そして第2次がアメリカになる。

92年以降のアメリカは、グローバリズムの覇権国として自由貿易を推進。自国市場を外国に開放し、貿易赤字を中心に経常収支赤字を拡大していく。経常収支が赤字とは、国内から外国

図13 米中の経常収支の推移(百万ドル)

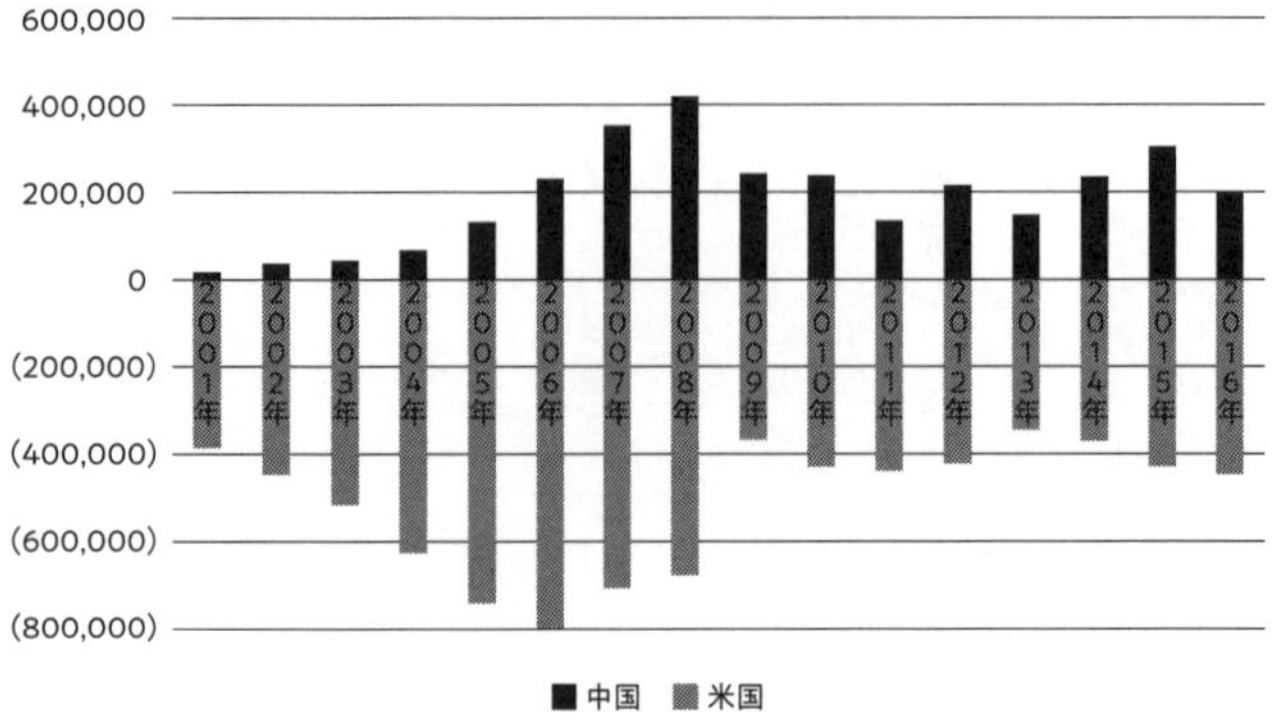


出典:国連貿易開発会議

へ流出する所得が、流入する所得を上回っているという意味だ。

図13の通り、WTO加盟時点ではゼロに近かった中国の経常収支の黒字は、その後、急拡大。2016年時点でも、年間2000億ドル規模だ。

世界のいずれかの国が経常収支黒字を拡大したとき、反対側に必ず赤字拡大国がなければならない。中国の黒字分の赤字を引き受けたのは、もちろんアメリカである。アメリカは第2次グローバリズムの覇権国として、寛大にも中国からの輸入を拡大していった。結果的に、巨額の所得がアメリカから中国へと流出。中国経済は急成長し、軍事力も増強。ついに、アメリカの覇権を脅かすまでに至ろうとしている。

アメリカにおけるトランプ政権誕生以降、中国の

習近平は何度もグローバリズムを擁護する発言をしている。例えば、2017年のダボス会議において、習近平は、

「中国は可能性と秩序のある投資環境を用意していく。外国人の投資家による中国市場へのアクセスを拡大し、高度で実験的な自由貿易圏を作る。知的財産権の保護を強化し、中国市場をもっと透明化してより良い規制を敷き、安定した経済活動を行える土壌を整える」

と演説した。

中国の国家主席が「知的財産権の保護」「市場の透明化」と言い出すなど、失笑するしかないわけだが、それにしても、なぜ習近平はグローバリズムを庇うのだろうか。もちろん、現代のグローバリズムが中国共産党に都合が良いためである。

そもそも、中国はアメリカ主導の第2次グローバリズムにおいて、「モノ（資本）」「技術」を外国から呼び込み、アメリカ市場に製品を輸出。対米貿易黒字を拡大することで急成長を遂げた。図11でいえば、資本、技術、需要を外国に依存することで、世界第2位の経済大国にのし上がったのである。

さらに、現在の中国の国家戦略の中枢たる一帯一路は、グローバリズムが基盤となっている。ユーラシアの各国にカネやヒトの動きを規制されると、一帯一路は成り立たないのだ。

というわけで、習近平がグローバリズムを擁護するのは、中国共産党の戦略上、当然の話な

のだ。問題は、中国のグローバリズム、すなわちチャイナ・グローバリズムは双方向的ではない、という点だ。

## 中国人に買収された土地は静岡県の面積に匹敵

現在、日本はチャイナ・グローバリズムによる侵略を受けている。例えば、現在の日本では、中国人や中国系企業が日本で土地を購入するケースが激増している。具体的には、北海道を中心に水源地、土地や建物などの不動産が中国マネーに買収されていっている。2017年10月25日のレコードチャイナによると、すでに国土の2%が中国資本に買収されたとのことである。国土の2%とは、ちょうど静岡県の広さに相当する。

日本国は仮想敵国である中国に対し、国内の土地の自由取得を認めているのである。何しろ、WTOには「内国民待遇」という規定があり、外国人の土地購入に際し「日本人と同等」に扱わなければならないことになっている。

2011年5月17日の外交防衛委員会において、外国資本による国内の森林買収を規制するため、外国人土地法の施行令の制定等の対応を求められた外務副大臣は、

「我が国は外国人等によるサービス提供に係る土地取得について内国民待遇義務を負っており(中略)、他のWTO加盟国の国民等がサービスの提供に際して我が国の土地を取得することに

ついて、原則として国籍を理由とした差別的制限を課すことは認められない」

と発言している。

とはいえ、話はそれほどシンプルではない。何しろ、WTO加盟国であるはずの中華人民共和国は、国内において外国人の土地所有を認めていない。それ以前に、中国人民にすら土地の私有権はない。中国国内の不動産所有者は、単に「使用権」を認められているに過ぎないのだ。

未だに土地の私有財産権を認めていないのが、中華人民共和国なのである。21世紀に至っても、第二地域の「帝国」そのままに、全ての土地は皇帝（中国共産党）に属しているのだ。

中国人は日本国内の土地を自由に買える。逆に、日本人は（それどころか、中国人民すら）中国国内の土地を買えない。これが現実だ。

ここまで一方向的かつ不公平な「チャイナ・グローバリズム」であるが、中国共産党はメディアをコントロールすることで、現状の仕組みを維持しようとしている。中国国内メディアはもちろん、海外メディアまでをも巧みにコントロールし、チャイナ・グローバリズムの不公平性をクローズアップさせないようにしてくる。

逆に、習近平国家主席のグローバリズム擁護演説は大々的にアピールし、あたかも中国が「自由貿易の旗手」であるかのごとく装う。何しろ、先述の通り、中国側はメディアを完全統制下に置き、こちらは言論の自由が保障されているのだ。

中国共産党が望んでいるのは「現状の一方向的なグローバリズム」であり、中国側が市場を開放し、資本移動や土地購入の自由を認めるなどということはありえない。ところが、こちらに対してはグローバリズムの定理に則り、自由な土地取得を要求してくるわけである。

## 入学生の9割が中国人という高校も出現

土地だけではない。中国の場合は洗国の伝統があるため、「人間」までをも侵略の武器として外国に送り込む。

信じがたい事実を記しておこう。2018年4月26日のNHK「おはよう日本」で報じられたのだが、何と日本国内に入学生の9割が中国人という高校が出現したのである。宮崎県の日章学園九州国際高等学校だ。

日本国内の中国人学校、というわけではない。日本の高校の入学生の9割が、中国人になってしまったのである。同校の馬籠勝典校長は、インタビューに答え、

「どんどん日本人の生徒が減っていきました。会社じゃありませんが倒産です」

と語っている。少子化で生徒数が足りなくなったことを受け、長春(中国)の系列校の生徒をまとめて受け入れ、日本の有名大学に進学させる「戦略」とのことである。馬籠校長は、中国に「国防動員法」という法律が存在することを知っているのだろうか。

国防動員法は、中国国内で有事が発生した際に、全国人民代表大会常務委員の決定の下で発令される動員令だ。対象は18歳から60歳までの男性、および18歳から55歳までの女性。彼、彼女がどこの国に居住していようとも関係ない（国連職員など国際機関で働く人民のみが例外）。動員された中国人民は、国務院や中央軍事委員会の指導の下で、「国防」に貢献することを義務付ける法律なのである。

「中国の若者を歓迎します」

などと、中国人留学生を受け入れていき、いざ事があったとき、彼らは日本国内在住の「中国共産党の兵士」に変身するのである。留学生であろうが、労働者であろうが、中国人の受け入れを拡大することは、我が国の防衛安全保障をも脅かす深刻な問題なのだ。

中国共産党は、日本の「ビジネス」までをも侵略に利用してくる。何しろ、長引くデフレで仕事不足、需要不足に悩む日本企業は、中国からビジネスのネタを提供されると、ほとんど何も考えずに飛びつく傾向が強い。結果的に、日本は資本、労働、技術、需要、資源という経済の5要素全てにおいて中国依存を高め、やがては我が国も中国共産党の冊封下に組み込まれることになるのだろう。

しかも、中国の場合はもともとが法治国家ではなく人治国家であるため、特定の政治家との結びつきにより相手国の政治を動かそうとしてくる。より露骨に書けば、相手国の政治家に賄《わい》賂《ろ》を贈り、中国共産党に都合が良い政策を推進するのだ。

東南アジアなど、一部のアジア諸国は、日本以上にチャイナ・グローバリズムによる属国化、冊封国化が進んでいた。最も深刻だったのは、マレーシアである。

## 「チャイナ・グローバリズム」を食い止めたマレーシアの英断

マレーシアでは、ナジブ前政権がマラッカ海峡の港湾整備を中国に委ね、華為技術有限公司（ファーウェイ・テクノロジーズ）や中興通訊（ZTE）がマレーシアの通信市場に大々的に参入した。マレーシアのエネルギー大手エドラ・グローバル・エナジー社が所有する発電所の全株式約99億リンギ（約2772億円）分が、中国の原子力大手である中国広核集団に売却された。さらに、元首相のマハティール氏の「夢」であったマレーシア国民車であるプロトンの株式の49％を、中国の吉利汽車に売り飛ばしてしまう。吉利汽車は、習近平と関係が深いと言われている自動車メーカーになる。

マレーシアには「発電所は外資上限49％」という規制がある。それにもかかわらず、ナジブ政権は発電所を中国資本に売り飛ばしてしまった。もちろん、中国とナジブの「結びつき」が、マレーシアの政治を動かしたわけである。

ナジブ首相には、中国ビジネス絡みで政府系ファンド「1MDB」の資金を不正に流用した疑いがかけられていた。2015年に1MDBの使途不明金850億円が、ナジブ首相の個人口座に振り込まれたという疑惑である。とはいえ、ナジブ政権時代は、マレーシアの司法も手が出せなかった。

2018年5月9日、マレーシア下院議会の総選挙が投開票された。事前予想を覆し、何と92歳にして政界復帰したマハティール元首相率いる野党連合が、過半数の議席を獲得して勝利した。

ナジブ派は、総選挙で勝利するために「あらゆる手段」を講じた。具体的には、投票率を下げるために投票日を平日とし、SNSにおける野党支援を封じるために、フェイクニュース対策法を施行。与党にとって大票田である公務員のボーナスを増額。さらに、ナジブ政権は解散直前に突如、マハティール元首相率いるプリブミ党が、党登録時の書類に不備があるとして、書類再提出を指示。30日間の活動停止を言い渡した。加えてナジブ政権は、野党連合に対し、統一旗の使用やマハティールの顔写真を選挙活動に使用することも禁止。あまりのナジブのやり口に、アメリカ国務省は異例の非難声明を発表。

そこまでしても、ナジブは勝てなかった。マレーシアの「民主主義」が、媚中《びちゅう》というよりは習近平の配下にしか見えないナジブ政権にノーを突き付けたのだ。

新政権の首相の座に就いたマハティール氏は、中国の一帯一路への協力の見直しを表明。7

月3日、マレーシアの捜査当局は「1MDB」の資金を不正に流用した疑いで、ナジブ前首相を逮捕した。

マレーシアにおけるチャイナ・グローバリズムは、有権者の「1票」によって食い止められることになった。

## 長期的な中国の国家戦略

もっとも、中国共産党というモンスターは、マレーシアにおける敗北について、それほど深刻に受け止めてはいないだろう。劣勢であったとしても、今後数十年かけて挽回《ばんかい》すればいいと考えているのではないか。中国共産党の戦略は、日本人には想像がつかないほどに長期的だ。

習近平国家主席は「中華民族の偉大なる復興」を掲げているが、具体的には中華人民共和国建国100周年（2049年）までに、富強・民主・文明・和諧の社会主義現代化強国を作るという長期目標となっている。中国共産党は、気が長い。

正しくは、短期的な利益も追求するが、それ以上に長期の戦略目標について、根気よく達成を目指すという話でもある。この日本人との時間間隔の違いが、個人的には恐ろしい。

ナチスに話を戻すが、ヒットラーやヒムラーが推進した「東方生存圏」は、当時から歴史をさかのぼること、およそ400年。スペインのコンキスタドール（征服者）たちによる、アステカやインカに対する侵略を想起させる。

コルテスのアステカ征服にせよ、ピサロのインカ征服にせよ、当時のスペイン人はアメリカ大陸の人々を「人間」であるとは認識していなかった。まさに、遊牧民の「家畜」に対する態度で、自分たちの「富」を肥やすために先住民を酷使し、虐殺したわけである。しかも、アステカやインカへの侵略は、姑息《こそく》なだまし討ちと裏切りの連続であった。

1つの理由は、レコンキスタを完遂したカスティリャのイサベル女王と、アラゴンのフェルナンド国王の夫婦、いわゆる「カトリック両王」が、新生スペインという統一国家の理念としてローマ・カトリックへの信仰を掲げたことである。そもそも、カトリック両王という称号は、カスティリャとアラゴンが合併し、1492年のコロンブスのサン・サルバドル島到着以降、アメリカ大陸においてカトリック布教活動を推進したことを受け、時のローマ教皇であるアレクサンドル6世が両王に送ったものだ。

また、同じくアレクサンドル6世は1694年に「教皇子午線」を設定し、アメリカ大陸のほぼ全域をスペイン領とする「植民地分界線」を定めた。つまりは、コンキスタドールたちの残虐な征服行は、カトリック教会「公認」だったのである。コルテスにしても、ピサロにしても、神の名の下に、

「キリスト教徒ではない人間は、異端であり、駆逐されるべきだ」

と叫び、先住民を虐殺し、ほぼ滅亡に追い込んだ。実際、コンキスタドールの軍隊には、大抵はカトリックの宣教師が同行していた。

もっとも、たとえカトリック教会のお墨付きがあったところで、コンキスタドールの先住民虐殺は「悪」である。今の価値観の話ではなく、当時からコンキスタドールのジェノサイドは悪とみなされ、スペイン軍の悪行三昧《ざんまい》を告発する勇気ある人々もいた。代表が、スペインのカトリック司教であり、「インディアスの破壊についての簡潔な報告」を書いたバルトロメ・デ・ラス・カサスである。

ナチス・ドイツの場合は、カトリック教会の「神の名の下に」ではなく、アーリア人至上主義、あるいは優生学に基づき、残虐行為に手を染めた。ヒトラーの『我が闘争』では人種を階層で分け、アーリア人、特に純粋なゲルマン人を「文化創造者」として最上位に置いている。対極がユダヤ人で、「文化破壊者」と定義している。アーリア人至上主義が、東方生存圏構想に結びつき、第2次世界大戦やユダヤ人虐殺に至った。

これまた当然であるが、ナチスの所業は当時から「悪」であった。無論、ユダヤ人虐殺に加担したナチスの軍人や官僚たちは、自分たちを「悪」であるとは認識していなかっただろう。アドルフ・アイヒマンではないが、

「上官の命令があったから」

こそ、ポーランド総督府に絶滅収容所を作り、ユダヤ人の「最終的解決」が進められたわけである。ユダヤ人最終的解決を推進したナチス官僚たちは思考停止状態であった可能性が高いが、当時からジェノサイドは「悪」であった。

コンキスタドールやナチスのジェノサイドという「悪」は、実に分かりやすい。それに対し、中国共産党のジェノサイドは、実に巧みに、国際社会からの反発をかわす形で着々と進められる。

## 「モンスター」中国を育てたのは西側先進国

人民解放軍がチベットや東トルキスタンを侵略したのが1949年である。両地域に対する軍事侵攻から70年が経とうとしているが、この期間、中国共産党は現地の反乱分子を撃滅すると同時に、継続的に漢人を送り込み、逆にチベット人やウイグル人を中国本土に移動させ、民族を徐々に「薄めて」きた。

2014年8月16日のワシントンポストによると、チベット自治区党書記陳全国（当時）は、

「『血は水よりも濃い』という諺《ことわざ》があるが、異民族間の関係もそうあるべきで、政府は活発に異民族間結婚を奨励すべきだ」

と、語っている。実際、中国共産党の研究所の調べでは、チベットにおける異民族間の結婚

は、過去2008年の666組から2013年には4795組に激増したという。
また、1949年には6％に過ぎなかった東トルキスタンの漢人比率が、2011年には38％にまで増加した。このままでは、東トルキスタンは漢人が多数派となり、ウイグル民族は「浄化」されることになるだろう。

ナチスやコンキスタドールのような「分かりやすい悪」ではない。メディアや情報を統制し、チベットやウイグルで「実際には何が行われているのか？」は隠蔽《いんぺい》し、同時に、

「チベットにインフラを整備しています」
「新疆ウイグル地区では資源ビジネスが活況を帯びています」

と、嘘ではないものの核心ではない、同時に世界の人々に「中国共産党は悪いことはしていない」との印象を刷り込む報道を繰り返す。あるいは、孔子学院のように世界各地に中国共産党のプロパガンダを展開する教育機関を設立する。ちなみに、孔子と頭についているため孔子学院は儒教を教えるのかと思えば、実際には「中国共産党が思い描く友好関係」樹立のための情報拠点である。

さらには、グローバリズムの名の下に「次なる洗国の対象国」に次々に中国人労働者を送り込む。中国マネーも投じられ、中国資本となるインフラ整備に「中国人労働者」を従事させ、そのまま住み着かせる。あるいは、これまたグローバリズムを悪用し、対象国の土地や企業を

買収し、技術を盗む。

まるで、ウイルスのごとく広がり、世界を覆いつくそうとしているのがチャイナ・グローバリズムなのである。

共産主義というよりは、ソ連のスターリニズムが歪んだ中華思想と結びつき、70年近い時間をかけて怪物が育ってきた。しかも、この怪物を育てたエサである技術、資本等を提供したのは、情けない話だが日米を含む西側先進国なのである。

日本、アメリカ、西欧諸国は、グローバリズムの美名、あるいは「ビジネス」の名の下に、中国に様々なリソースを提供していった。かつては、

「中国が豊かになれば、民主化するに違いない」

という根拠なき妄想が語られたものだが、そもそも第二地域の帝国である中国がまともな民主主義国家になる可能性はゼロだ。しかも、中国共産党は中国人民の政党でも何でもないのである。

最も危険だと思うのは、すでに中国の技術力が大幅に向上している点だ。

日本について「技術大国」であると認識している人がいるかも知れないが、それは誤解だ。何しろ、日本は過去20年間、科学技術予算を「横ばい」で推移させてきた。反対側で中国は10倍以上に増やしているのである。

日本の技術力は、すでに中国に追い抜かれ、差が開いているというのが現実だ。

もっとも、技術力で後塵《こうじん》を拝していても、日本の製造業の深み、具体的にはバリューチェーンの上流から下流まで、全てを国内で賄うことが可能な工業力は、未だに中国を上回っている。分かりやすく書くと、中国は日本やドイツなどの製造大国から資本財（部品、工作機械、加工原料など）を輸入しない限り、最終製品を生産することはできない。

だからこそ、中国は「メイド・イン・チャイナ２０２５（中国製造２０２５）」を掲げ、本格的な製造大国を目指そうとしているのである。

## 真の「経済力」とは何か

筆者は「言葉の定義」を厳格に守る。経済力とは何か。「おカネの量」ではない。おカネとは「債務と債権の記録」であるため、極端な話、２つの経済主体が、「貸して、借りて、貸して、借りて」を繰り返すだけで増えていく。

経済力とは、モノやサービスを生産する力だ。経済学用語でいえば潜在ＧＤＰであり、分かりやすく書くと供給能力となる。供給能力は、過去の投資の蓄積である「生産資産」という国富の能力でもある。

それでは、軍事力とは何だろうか。

一般的には「国家やそれに類する集団が、内外の対象に対して、実力行使ができる能力」といったところだろうが、これでは抽象的すぎる。

軍事力の定義は、ずばり、

「敵国の供給能力を破壊する能力」

となる。

戦争、あるいは「防衛」でも構わないが、国民を守る、相手国の軍隊を打ち破ることを「サービスの提供」として認識してみてほしい。軍事的サービスの供給能力は、他のサービス同様に「資本」「労働」そして「技術」で成り立っている。自衛隊でいえば、装備品（要は兵器）、自衛官、防衛関連技術。この3つが、日本の防衛サービスの供給能力の構成要素だ。

軍事的サービスの供給能力を、お互いに破壊しあうことが「戦争」になる。

つまりは、どれだけヒト（兵士）がいたとしても、資本や技術が劣っていると、「互いに供給能力を破壊しあう」戦争に勝てるとは限らないのだ。軍事力にも、経済力同様に「資本」「労働」「技術」の3要素があるのだ。

チンギス・カン率いるモンゴルの騎馬軍団が世界を席巻したのは、まさに「騎乗し、騎射する」という軍事技術において秀でていたためだ。

経済力と軍事力、技術力の関係を認識すると、中国製造2025（メイド・イン・チャイナ2025）、つまりは「2025年までに全てを中国で生産可能とする」という中国の「経済的目標」が、本当は何を意味するのかが理解できるはずだ。

中華人民共和国という帝国は、ついに軍事的にも「最強」に至る道を進もうとしているのである。この「化け物」に対し、日本をはじめとする民主主義国は、いかにして立ち向かえばいいのだろうか。

# 第四章

# 反撃のナショナリズム

## グローバリズムの本質

### 1％だけに有利な米国の「企業型民主主義」

改めて、チャイナ・グローバリズムが有利なのは、中華人民共和国に言論の自由、政治的な自由はないが、こちら（西側先進諸国）にはあるという不公平が主因である。しかも、中国には民主主義もないため、中国共産党は「短期的な選挙結果」を気にすることなく、超長期の国家戦略を推進できる。

日本の政治家の中に、100年後の国家ビジョンを語れる人は1人もいないだろう。何しろ次の選挙で落選してしまうと、一般人に戻るのだ。国会議員の思考は、常に、「次の選挙を乗り切るには、どうしたらいいのか？」

から始まる。

また、中国共産党が国内メディアを掌握し、さらに外国メディアに対しても様々なチャンネルでコントロールしようとするため、「中国の実態」が広まりにくいという問題もある。日本やアメリカ、西欧側が中国国内のメディアに影響を与えることは不可能だが、逆は可能なのである。

そして、最大の問題が西側先進国、特にアメリカの「企業型民主主義」だ。アメリカの民主主義は、自らが覇権国として主導する第2次グローバリズムの中で、次第に「市場中心主義」的な傾向が強くなっていった。分かりやすく書くと、カネがある大企業などに有利になってきたのである。

現在のアメリカでは、政治献金が事実上、無制限である。一応、政治家本人へ、企業や特定団体が献金することは禁止されている。とはいえ、政治家を支援する政治資金管理団体「スーパーPAC」への献金は無制限なのだ。当然、グローバル企業や所得上位層は自らに都合がいい政策を推進するべく、「カネ」のパワーを発揮しようとする。結果、「1%対99%」の構造を是正できない事態が続いたわけである。

アメリカの政治はカネで動く。カネの政治力が肥大化した結果、グローバリズムの恩恵を受けやすい特定大企業に有利な政策ばかりが推進される。しかも、グローバル企業はロビイストを使い、アメリカの政治家に働きかけ、自分たちに都合が良い政治を実現しようとしてくる。

## 中国のロビー活動と政治家との癒着

もちろん中国共産党にしても、自国に都合が良い政策をアメリカ政府に推進させる、あるいは都合が悪い政策を封じるために、ワシントンでロビー活動を行っている。しかも、カネに糸目をつけないわけだから性質が悪い。

中国共産党の対アメリカロビー活動の拠点は、もちろんワシントンの中国大使館である。在米中国大使館は、大使や主席公使がアメリカ政府や議会を相手に、露骨なまでのロビー活動を展開している。在米中国大使館は、日本の外務省のように「お役人」ではない。情報活動や諜報活動のプロフェッショナルであり、かつワシントンの政治メカニズムを熟知している。在米中国大使館はアメリカの議員や補佐官を頻繁に訪中旅行に招き、中国共産党の要人に引き合わせるなど、「友好関係樹立」のシステムが確立している。

さらに、中国共産党のみならず、共産党傘下の企業もまた、ワシントンでロビー活動を展開する。産経新聞ワシントン駐在客員特派員の古森義久氏によると、2009年、ファーウェイ（華為技術有限公司）は中国共産党政府と共に、年間30万ドルでワシントンの大手ロビー企業「国際政府関係グループ」と契約したという。さらに、中国大使館はアメリカの大手法律事務所と契約し、元連邦議員や弁護士をロビイストとして使っている。

中国企業単独（とはいっても、中国共産党傘下の企業だが）で、ロビー活動を展開するケースもある。2012年には、中国国有石油大手の中国海洋石油総公司がワシントンのロビー会社ウェックスラー・アンド・ウォーカー、ヒル・アンド・ノウルトンとそれぞれ顧問契約を結んでいる。

ワシントンの大手ロビー会社のパットン・ボッグス社のウェブサイトに掲載された顧客リストには、在米中国大使館、中国商務省、国務院新聞弁公室などが並んでいる。米司法省によると、中国大使館はパットン社に対し、月額3万5000ドルの顧問料を支払っているとのことである。

当然ながら、中国共産党はロビー活動に加え、直接的にアメリカの政治家との結びつきを強め、政治に影響を与えようともしてくる。ノンフィクション作家の河添恵子氏によると、戦後、中国共産党の影響が最も強かったアメリカ大統領はビル・クリントンとのことだ。

アメリカでは、大統領選挙や知事選挙の立候補者が、アメリカ市民権を持たない者から選挙資金を受け取ることは禁止されている。とはいえ、例えばインドネシアの華人財閥（力宝集団）が、ヒラリーが上級パートナーを務めるアーカンソー州の法律事務所に莫大な顧問料を支払うなど、あの手この手で中国マネーをクリントン家に流し込んだ。

2016年のアメリカ大統領選挙に際しては、中国人実業家である王文良が、クリントン一家の慈善団体「クリントン財団」に、200万ドルもの寄付をしていることが報じられた。ちなみに、王文良は米国籍を所有しているものの、中国の全国人民代表大会の代表でもある。

さらには、中国共産党はアメリカの「ビジネス」をも巻き込み、クリントン家との「友好関係」を深めていった。例えば、クリントン家の地元であるアーカンソー州の最大手企業といえば、もちろんウォルマートだ。ウォルマートはビル・クリントンが大統領の時代、1996年に中国で合弁事業を展開。その後はひたすら中国との結びつきを強めていく。

ウォルマートのビジネスモデルは実に分かりやすい。中国から「安い製品」を輸入し、「Everyday Low Price」のキャッチフレーズで安値を強調し、全国の店舗で販売するというものだ。中国が生産し、アメリカで販売。生産者としての中国人民の所得が創出され、安い製品を購入できるアメリカの消費者も潤い、WinWin。グローバリズム万歳、という話なのだが、ウォルマートの「中国から輸入し、アメリカ国内で（安く）販売する」モデルにおいて、損を強いられている人々が存在することに気が付くはずだ。

もちろん、ウォルマートが中国から輸入している製品を、アメリカ国内で生産していた生産者たちである。ウォルマートが輸入する中国製品の中で、技術的、資本的にアメリカ国内で生産不可能なものは1つもない。それでも、ウォルマートは中国から買う。あるいは、中国に進出したアメリカ企業が、中国国内で安く生産した製品を輸入する。

なぜだろうか。もちろん、そちらの方が安く、利益が拡大するためだ。

## 「敗者切り捨て」のシステム

現代のグローバリズムは、大モンゴル帝国時代の素朴な自由貿易とはわけが違う。大モンゴル帝国は、ユーラシアを征服することで交易の通過税（関税）を撤廃した。とはいえ、当時は各国、各地域の生産力は決して高くなく、

「自分たちは生産できない製品が、交易の活性化により購入できるようになる」

と、生産国と消費国が同時に潤う仕組みであった。

イギリスで産業革命が起き、生産性が極端に高まった以降のグローバリズムは、話がまるで変わってくる。イギリスがインド帝国に流し込んだ綿製品は、別にインドで生産が不可能というわけではない。何しろ、インドはもともとは世界最大の綿製品の製造大国、輸出大国だった。自国で生産できるにもかかわらず、イギリスという帝国主義国の代表に「自由貿易」を強制され、輸入拡大を強いられる。もちろん、イギリスの生産性が高く、綿製品が相対的に「安い」からこそ、インド市場は席巻されたのだが、それにしてもインドの生産者が大打撃を受けたことに変わりはない。

イギリス製品が流入するまでは、綿布産業で繁栄を極めていたインドのダッカ、スラート、ムルシダバードなどの街は貧困化の一途をたどり、当時のイギリスのインド総督が、

「この窮乏たるや商業史上にほとんど類例を見ない。木綿布工たちの骨はインドの平原を白くしている」

と嘆くに至る。

イギリス領インド帝国の時代も、今も変わらないが、グローバリズムに基づく自由貿易、資本の移動、労働者の移動を受け、損をする人々について、

「それは負けた方の自己責任」

と、一切の責任を取らないのがグローバリストである。とはいえ、彼らが敗者を「自己責任」と切り捨てるのは、単にそちらの方が「自己利益最大化」にとって都合が良いために過ぎない。

例えば、ある企業が先進国においてAのコスト（人件費）で製品を生産していた。企業は安い人件費を求めて、後発国へ工場を移転し、Bの人件費で生産することになった。

その場合、先進国と後発国の人件費の差額である「A－B」が追加的利益となり、経営者、債権者（金融業者）、投資家、そして消費者へと分配される。後発国の労働者にしても、これまでは「ゼロ」だった所得が「B」に増えるわけで、ハッピーエンドである。

とはいえ、先進国でAの所得を稼いでいた生産者たちはどうなるのか。工場が後発国に移転したことで、これまで稼いでいたAを丸々失う羽目になる。

つまりは、グローバル化による資本移動、あるいは後発国からの輸入拡大とは、先進国の生産者の「所得喪失」という犠牲のもとに、後発国の労働者、企業の経営者、債権者、投資家、そして消費者に所得を移転する仕組みなのである。

図14 グローバル化による「所得移転」

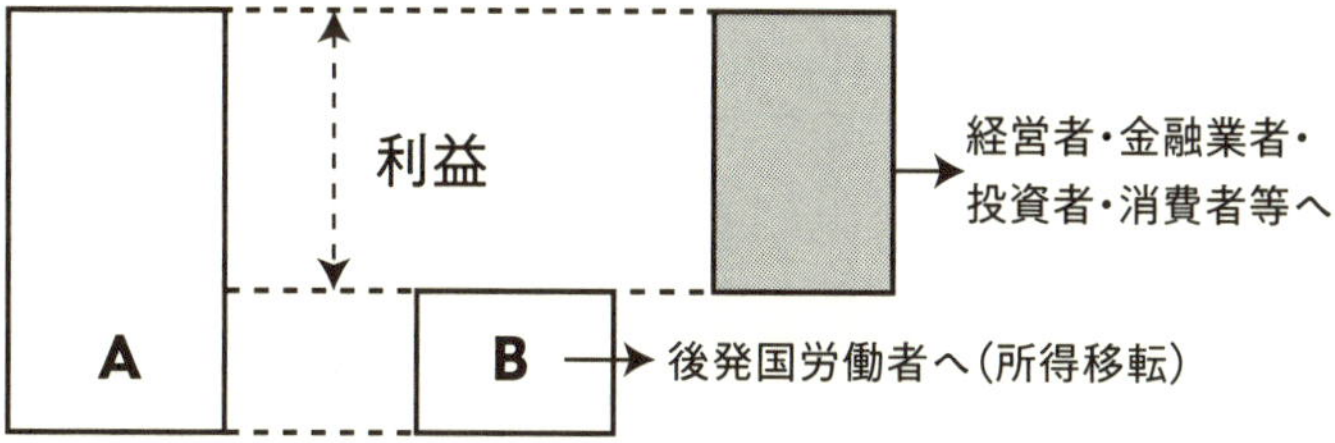


提供:青木泰樹

無論、大モンゴル帝国時代のように生産力が乏しく、需要に対し供給能力が常に不足している状況であれば、所得を稼ぐ術を失った先進国の生産者はすぐに別の職に就けるだろう。とはいえ、産業革命後の生産能力が強化された時代には、そうはならない。先進国の失業者は社会保障にぶら下がり、国家に依存して生きていくことになる。あるいは、工場移転前よりも低い所得水準に甘んじなければならないのだ。

## 中国に「生産力」を奪われた日本

厄介なことに、図14のグローバリズムのシステムは、先進国の消費者も「安い製品を買える」形で恩恵を受ける。日本企業が中国に工場を移し、生産された製品を日本国内に輸入することは、「日本の消費者」にもメリットがあるのだ。

もっとも、中国に工場が移転したことで、もちろん日本の生産者は「所得喪失」という打撃を受ける。さらに重大な問題は、日本国内の「モノやサービスを生産する力」すなわち経済力が、

## 図15　日本の対中輸入と対中直接投資(10億ドル)

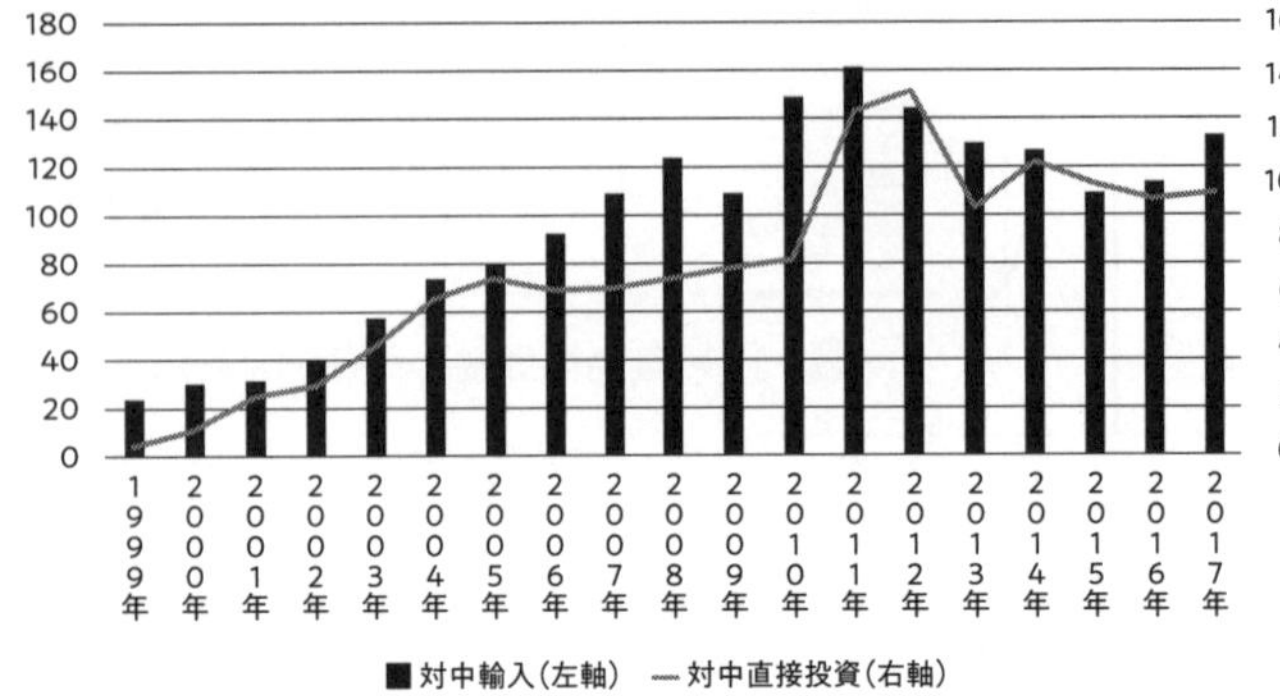


出典:JETRO

そのまま中国に移動してしまうのである。対中直接投資と対中輸入の拡大は、日本の経済力の中国移転そのものなのだ。生産力が移った分、日本の経済力は弱体化し、反対側で中国は強化される。

図の通り、20世紀にはゼロに近かった日本の対中直接投資は、中国のＷＴＯ加盟以降に急増。２０１２年には１３０億ドルを突破した。もちろん、日本企業が中国に工場等を建設し、日本「以外」の世界に売っていくのであれば、別に構わない。日本国内の生産力強化が限界に達した。それにもかかわらず世界の需要が拡大しているため、中国に工場を建設した。これならば筋が通るのだ。

とはいえ、現実には日本は対中投資を激増させつつ、同時に対中輸入も拡大した。日本企業が「自己利益最大化」のために中国に資本(工場など)を移し、生産された財を日本に輸入してきたのは明らかだ。結果的に、仕事にありつけた中国人民、投資家、さらには日本の消費者も得をしたわけだが、日本国民は貧困化した。

日本の実質賃金は、97年第1四半期のピークと比較し、17年時点ですでに15％も凋落《ちょうらく》した。貧困化した日本国民は、さらに安い中国製品を求め、日本企業は陸続と中国に工場を移転していき、

「対中直接投資⇒国民貧困化⇒消費者が安い中国製品に群がる⇒対中直接投資⇒国民貧困化」

の悪循環が終わらない。

2012年以降、対中直接投資や対中輸入の拡大は落ち着いたが、20世紀と比べると比較にならない水準で「高止まり」している。

厄介なのは、先述の通り資本移動や輸出入の自由というグローバリズムにより日本国民が貧困化するのと「反比例」する形で、中華人民共和国の経済力が強化されていくという点である。しつこく繰り返すが、経済力とはおカネの話ではなく、モノやサービスを生産する力である。日本国民が生産をせず、消費するだけの「貧困消費者」に落ちぶれていく反対側で、我々の経済力が中国に吸い上げられていく。

これが、21世紀のグローバリズムの本質だ。

経済力の強化は、軍事力拡大とイコールになる。日本企業が「安い製品」を追い求め、中国

に資本を移せば移すほど、あるいは技術を提供すればするほど、中国共産党という怪物の経済力と軍事力が強化され、我が国の将来的な「中国の属国」という未来が確実に近づいていく。

## 日本のGDPは韓国に近づいている

結局のところ、問題は日本の企業経営者（および株主）の「利益至上主義」にあるのだ。中国共産党は当然ながら前項の「仕組み」を理解しており、「利益」という餌をぶら下げ、我が国の経済力を吸い上げようとする。

長引くデフレーションで、国内の需要不足に悩む日本企業は、

「中国13億人の市場！」

といったキャッチフレーズにコロリと騙《だま》され、喜々として中国に資本を移転し、我が国の安全保障を弱体化させることを続けてきた。企業の目的が利益であり、国内がデフレという総需要不足が続く以上、日本の経営者が、

「今後、もはや内需は伸びない。中国市場に打って出るしかない」

などと考え、こぞって対中直接投資に乗り出したのは、ある意味で仕方がない。

問題は、97年以降の日本政府が緊縮財政を継続し、事実上、デフレを放置し、内需の拡大に乗り出さず、日本企業の中国への資本移動や技術移転を放置してきたことだ。結果的に、日本

図16　日中韓のGDPが世界に占めるシェア

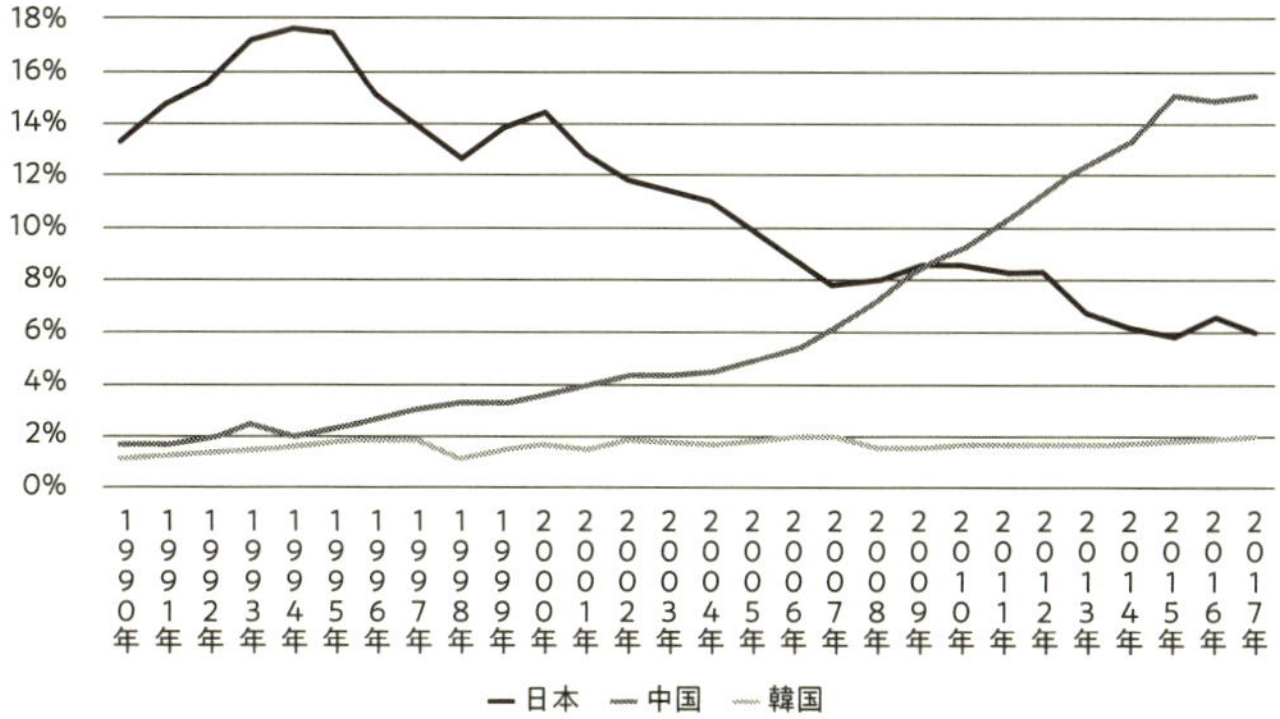


出典:IMF

の経済成長率が低迷する反対側で、中国は高成長が続き、我が国は、

「仮想敵国の経済力強化と技術力強化を支援した」

という状況が続いたのである。これで日本が亡国に至らなければ、むしろそちらの方が不思議だ。

図16の通り、橋本政権の緊縮財政により日本経済がデフレ化する前、日本のＧＤＰは1カ国で、何と世界の18％近くを占めていた。日本だけで、世界の5分の1のＧＤＰをたたき出していたことになる。まさに、経済大国だ。

ところが、その後は日本のＧＤＰが世界に占める割合がひたすら落ちていき、17年には6・1％に落ちぶれてしまう。凋落する日本に対し、中国はＧＤＰシェアを高めていき、17年は15・04％。韓国にしても、1・93％に伸ばしてきた。

今や、日本のGDPの規模は中国ではなく「韓国に近い」というのが実情なのである。

経済成長とは、GDPが増えることだ。また、GDPは生産の合計であり、需要の合計であり、所得の合計でもある。

税収の源は所得だ。つまりは、財政規模とGDPは相関関係にあることになる。GDPが増えれば、財政が大きくなり、当然ながら軍事支出や技術投資も増やせる。しかも、中国の場合は、何しろ中国共産党による独裁政権だ。政府の軍事支出や技術予算はもちろん、共産党傘下の企業に対して「技術投資の拡大」を命じることすらできるのである。

そして、日本やアメリカのように、政府の支出拡大に対し、

「そんなことをすると財政破綻する！」

などと難癖をつけてくる野党やメディアは存在しない。

中国は経済成長を続けると同時に、明らかに戦略的に科学技術予算を増やし、今や総額が日本をはるかに上回るのはもちろんのこと、アメリカにすら追い付こうとしている。日本やアメリカは、政府が主体的に科学技術予算を増やすことは可能だが、民間企業に強要することはできない。それでも、アメリカは政府も民間も技術投資を拡大し、総額は伸び続けている。ところが、我が国に至っては政府自ら予算を切り詰め、国内のデフレ状況が続く。結果的に、企業までもが技術投資を減らしている有様だ。

**図17　主要国の研究開発費総額の推移：名目額（OECD購買力平価換算）**

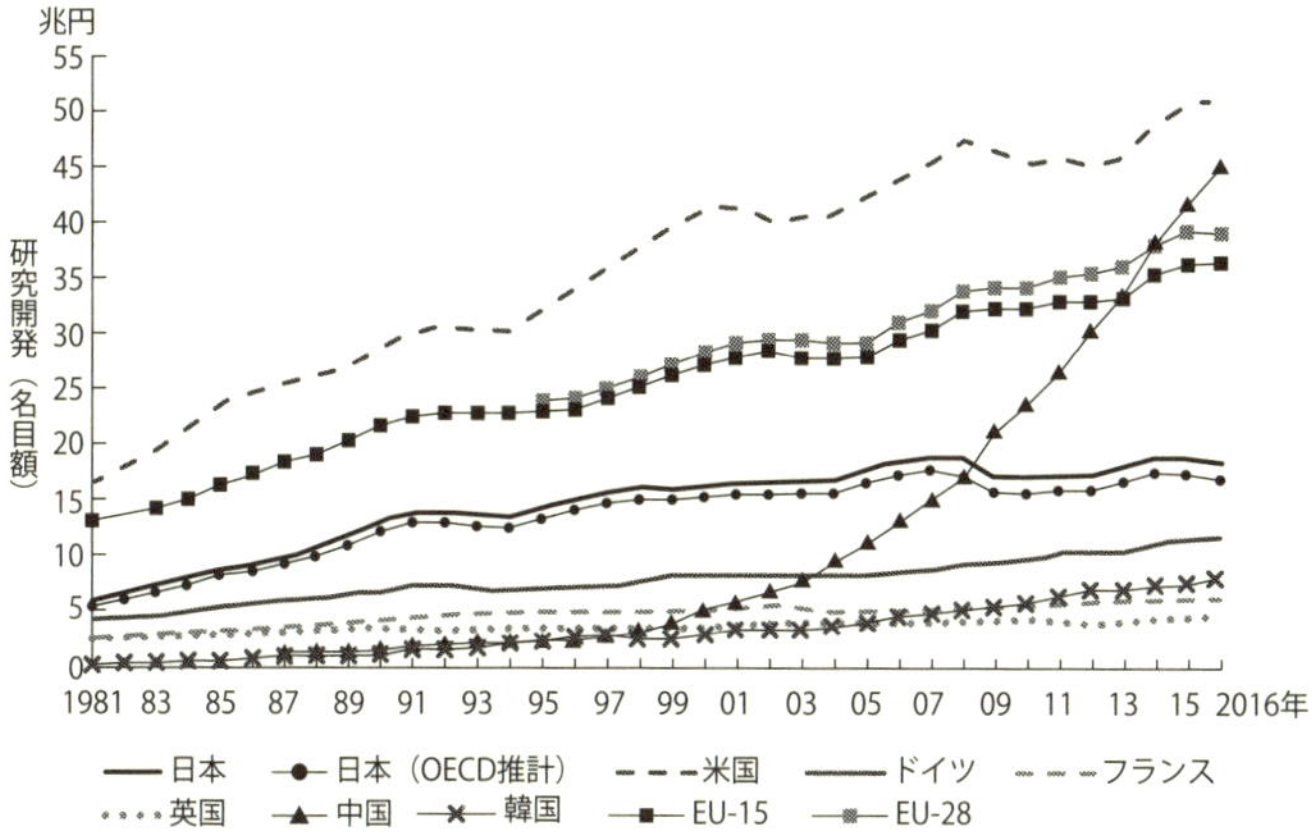


出典：文部科学省「科学技術指標2018」

## 「研究費」削減して国を滅ぼす

２０１８年8月23日、日本の文部科学省の科学技術・学術政策研究所が、主要国の科学学術活動をまとめた「科学技術指標２０１８」を公表した。

２０１６年の我が国の研究開発費総額は、18・４兆円（ＯＥＣＤ推計は16・９兆円）となっている。最大の問題は、「対前年比▲2・7％」であることだ。つまりは、日本は16年に至っても、研究開発費を「節約」しているのである。

研究開発費の対前年比の内訳を見ると、公的機関が▲7・3％、企業が▲2・7％、大学が▲1・1％。政府の緊縮財政に企業や大学が引っ張られ、全ての部門でマイナスという情けない有様になっているのである。

アメリカの研究開発費は51・1兆円と、世界首位を維持している。そして、中国が45・2兆円。すでに日本の2・5倍に達し、かつペースを落とさずに増やし続けている。

図17を見れば一目瞭然《いちもくりょうぜん》だが、直近で研究開発費総額を減らしているのは、我が国のみである。政府が科学技術予算までをも緊縮し、順調に「衰退途上国」としての道を歩んでいるのが分かる。

図11で解説した通り、経済(=生産活動)の5要素は資本、労働、技術、需要、資源である。中でも最も重要と思われる「技術」において、我が国は中国の後塵を拝し、しかも差をつけられている。

近い将来、中国の研究開発費総額がアメリカを追い抜き、西側先進国が技術力で中華人民共和国、いや中国共産党という「帝国」に敗北する日が近づいている。中国共産党というモンスターは民主主義国を脅かし、人類に暗い帳《とばり》をかけようとしている。

## ドナルド・トランプ

### トランプが復活させた「民主主義」

もっとも、転機は民主主義によって訪れた。

2016年11月8日、アメリカ国民は一般投票において、ドナルド・トランプを第45代大統領として選んだ。トランプ候補（当時）は大統領選挙において、露骨なまでのグローバリズム批判を展開した。

トランプ候補は、選挙戦の最中に、民主党の候補であるヒラリー・クリントンについて「大企業の言いなり」と批判し、TPPについても、

「製造業を破壊する。アメリカの労働者に被害を及ぼし、自由と独立が損なわれるいかなる貿易協定にも決して署名しない」

と言明。NAFTA（北米貿易協定）についてまで、

「望ましい合意が得られなければ離脱する」

と発言。

トランプはアメリカ政府の通商政策がグローバル化を促進させ、米国の製造業の雇用を失わせたと主張。16年6月29日、トランプはペンシルベニア州において、グローバル化を批判すると同時に、

「我々の政治家は積極的にグローバル化の政策を追求し、我々の雇用や富や工場をメキシコと海外に移転させている」

「グローバル化が金融エリートを作り出し、その寄付によって政治家はものすごく裕福になっ

た。私もかつてはその1人だった」

と、演説した。

グローバル化を猛攻撃するトランプを、特に白人労働者階級は熱狂的に支持した。結果、グローバル化で主要産業の製造業が衰退した州において選挙人を獲得し、ヒラリー・クリントンに対する勝利を決定的にした。

アメリカ合衆国の中西部地域、さらに大西洋岸中部地域の一部にわたるラストベルト地帯。かつて、アメリカの重工業や製造業が集中した地域だが、もともとは労働組合の支持が厚い民主党の牙城《がじょう》だった。ところが、トランプが反グローバリズムの姿勢を明確化し、繰り返しグローバル化を批判したことで、その多くがひっくり返ってしまったのである。

ペンシルベニア州やミシガン州などは、事前の世論調査ではヒラリーが有利となっていた。それにもかかわらず、本選ではトランプが勝利した。

トランプの反グローバリズム的な選挙運動は、アメリカのマスコミから総攻撃を受ける。ほぼ全ての全米マスコミを敵に回しながら、トランプは第45代大統領の座を射止めた。

## メディアがたたく「リアル」なナヴァロの対中戦略

注目すべきは、トランプの選挙戦において、カリフォルニア大学のピーター・ナヴァロ教授が政策アドバイザーとして付いていたことである。ナヴァロ教授は、アメリカの対中強硬派の代表的な人物である。トランプ政権発足後、ナヴァロ教授は新設されたホワイトハウス国家通商会議のトップに就任した。

ナヴァロ教授の中国観は、グローバリズムを礼賛するメディアからしてみれば「幼稚で稚拙」となるのだが、筆者に言わせればリアルである。

2018年4月16日、ナヴァロ教授はウォールストリートジャーナル紙に、「経済学の教科書では、貿易は双方にとって利益になるものとされている。2カ国が比較優位に基づいて自由に取引し、その結果得られた利益を共有することで両国の生活が向上する。米国の中国との貿易はそうしたビジネスモデルから地球と火星ほどかけ離れている。」という文章で始まる「法の支配を無視した政府主導の経済が貿易システムを脅かす」というタイトルの記事を寄稿し、中国の経済モデルの異常性を訴えた。

2001年のWTO加盟以降、中国は「国家主導の投資や非市場経済、法の支配の無視（ナヴァロ教授）」により製造大国へのし上がった。2015年までに、中国は世界の自動車の28%、船舶の41%、冷蔵庫の50%強、テレビの60%強、コンピュータと空調機の80%を生産するにまで生産力を拡大した。

さらには、中国製造2025により、「未来の産業」の支配をねらっている。人工知能、自動運転、ブロックチェーン、ロボット工学、ハイテク船建造など、軍事力とも密接に関係する分野において、世界トップの技術力を身につけようとしているのだ。

ナヴァロ教授の寄稿によると、中国の「強み」は、以下に依存している。

・知的財産権の侵害
・国内市場へのアクセスを交換条件とした外国企業に対する技術移転強要
・高い関税障壁（中国の自動車関税はアメリカの10倍）
・外国企業に厄介な事業免許要件や出資比率規制を課す
・国有企業や中国政府が資金支援する企業に土地や資本を助成
・国内企業に対する無数の輸出補助金や寛大な税制優遇措置
・為替介入による人民元の為替レート調整
・政府系ファンドの活用

中華人民共和国が「中国共産党の帝国」であるがゆえに、国家（というより共産党）主導で、いかに他国の経済を食い荒らしているかについて、ナヴァロ教授は明らかにしたわけである。

権威主義国対民主主義国、といってしまえばそれまでだが、国家主導で「中国共産党の支配拡大」を目的に推進される中国の経済モデルは、確かに日本やアメリカのそれとは「地球と火星ほど」にかけ離れている。

ナヴァロ教授の「危機感」は、筆者が本書でつまびらかにしてきたことと根っこは同じだ。中国共産党は、アメリカ主導のグローバリズムを活用し、「利益」のみを重んじるグローバル投資家、グローバル企業と結びつき、不公正な「自由貿易」を世界に押し付け、強大なる経済力を手中にしようとしている。「利益」を求める投資家や企業は、国家の安全保障を無視し、むしろ中国共産党に協力。資本を、技術を、そして市場を提供し、中国共産党を覇権国アメリカに対する挑戦国に成長させたのだ。

## 中国+グローバリスト+メディア「最悪のトライアングル」

しかも、グローバル投資家やグローバル企業は、各国のメディアを掌中に収めている。チャイナ・グローバリズムという中国共産党の一方向的かつアンフェアなグローバリズムに異を唱えると、

「グローバリズムに逆らうのか⁉」

とばかりに、攻撃や批判が雨霰《あめあられ》のごとく降り注ぐ。言論の自由を尊ぶ民主主義国の「弱点」を、見事に突いている。国家を軽んじ、自己利益最大化のみを追求するグローバリストと結びつくという中国共産党の戦略は、称賛に値する（悪い意味で）。

当然ながら、ナヴァロ教授のみならず、反グローバリズム、反中国の姿勢を鮮明にし「アメ

リカ・ファースト」を強調するトランプ大統領に対しても、メディアの風当たりは強い。トランプ政権に限らず、イギリスやドイツ、フランスやイタリア、オーストリアやスウェーデンなど、移民問題を切っ掛けに各国で反グローバリズムの政党が勢いを増してくると、途端にメディアは、

「ポピュリズムの極右政党」

とレッテル貼りし、一方的に攻撃する記事を書きなぐる。

とはいえ、トランプ大統領を当選させたのは、アメリカの有権者の票、つまりは民主主義だ。あるいは、イギリスのＥＵ離脱を決定したのは、国民投票に1票を投じたイギリス国民である。さらには、フランスの国民戦線、ドイツのＡｆＤ（ドイツのための選択肢）、イタリアの五つ星運動と同盟、オーストリア自由党、スウェーデン民主党など、移民ではなく「国民のための政治」を叫ぶ政党の支持率が高まっていっているのは、各国の有権者がメディアの言う「極右政党」の主張に共感しているためだ。

チャイナ・グローバリズムは、国境や国家を超越し、自己利益最大化のみを目指すグローバリスト、さらには各国のグローバリズム礼賛のメディアと「最悪のトライアングル」を組み、世界を侵食していった。それに対し、欧米諸国では民主主義がノーを突き付けつつあるというのが現代の世界情勢なのだ。

ドナルド・トランプ大統領は、大統領職に就く直前の2016年12月2日、台湾総統蔡英文と電話会談を行い、世界を驚かせた。米台断交後、両国の首脳が直接、電話で話したのは初めてのことだ。

さらに同11日、トランプはフォックス・ニュースとのインタビューに応じ、アメリカの歴代政権が堅持してきた「一つの中国」政策という原則には縛られないと語った。

そもそも、中国共産党が主張する「一つの中国」はフィクションであり、虚構だ。何しろ、中国共産党は台湾を支配したことは一度もない。

しかも、台湾は中華人民共和国とは異なり、歴とした民主主義国家だ。16年1月には、台湾で3回目となる「政権交代」が起き、民進党の蔡英文女史が総統の座を射止めた。

中国共産党を除くと、世界中の誰もが中華人民共和国と中華民国（台湾）が「一つの国家」であるなどとは認識していない。単に「台湾は中華人民共和国とは異なる主権国家」と主張すると、中国共産党が「何をするか分からない」「東アジアに戦乱の渦が巻き起こる」といった「予想」「推測」により、誰もが「一つの中国」に表立って反対しないだけの話だ。

要するに、面倒くさいのである。中国共産党は「台湾を主権国家として認めると、どうなるか分からないぞ」と世界に思わせることで、「一つの中国」を既成事実化してきたのだ。

実際に、アメリカが「一つの中国」認識を放棄し、台湾を主権国家として認めた場合、中国共産党は軍事行動に出るかも知れないと、西側先進国の政治家や官僚に思わせることで、「一つの中国」戦略が続いていたに過ぎないのだ。

もっとも、トランプ大統領は大統領職就任後「一つの中国」問題について一旦は棚上げした。代わりに、前章でも触れたが、2018年3月に台湾旅行法を成立させる。さらに、2018年7月、アメリカ国務省は台湾における米国の窓口機関である「米国在台湾協会（AIT）」の警護要員として、米海兵隊に要員派遣を要請した。事実上の「在台米軍」派遣である。海兵隊による施設警護は、つまりは米国在台湾協会を「大使館」として認めるのと同意になる。

トランプ政権の親台湾政策は、ジョン・ボルトン国家安全保障問題担当大統領補佐官の影響が大きいのだろう。ボルトン補佐官は、中国を露骨に敵視する政治家、外交官であり、親中国のメディアからは蛇蝎《だかつ》のごとく嫌われている人物だ。

大統領補佐官に就任する以前の2017年1月、ボルトン氏はウォールストリートジャーナルに寄稿し、

「米軍の台湾駐留によって東アジアの軍事力を強化できる」

と、在沖縄米軍の台湾への一部移転を提言した。ボルトン補佐官は自由、法治を重視し、自由世界を守るために台湾を防衛しなければならないと主張している。自らの「カネ」「利益」のみを重視し、チャイナ・グローバリズムと手を結ぶウォール街を敵視し、それゆえにメディ

アから露骨に敵視されている人物だ。

トランプ政権の「台湾攻勢」に対し、中国共産党は猛反発しているが、米中抗争の主戦場は、台湾問題ではない。無論、貿易戦争である。

## トランプを見誤った中国とグローバリスト

アメリカの本格的な対中貿易戦争の始まりは、2018年であった。もともとトランプ大統領は選挙戦において、対中貿易赤字を問題視し、中国を「為替操作国認定」すると主張していた。とはいえ、中国に対する為替操作国認定は2017年10月17日、アメリカ財務省が見送った。

米中貿易戦争はそれほど深刻化しないと、世界のグローバリストたちは安堵したのだろうが、18年3月23日、トランプ政権は鉄鋼とアルミニウムの輸入制限を発動させた。具体的には、アメリカが輸入する鉄鋼に25%、アルミに10%の関税を課すというものだ。トランプ政権は輸入制限の理由として、安価な製品の大量流入が「安全保障上の脅威」であることを挙げている。

鉄鋼、アルミニウムの関税措置は日本製品も対象であり、必ずしも中国ねらい撃ちというわけではなかった。そもそも、アメリカの鉄鋼製品の輸入におけるシェアトップはカナダであり、中国ではない。

とはいえ、その後は明らかに「中国ねらい撃ち」の貿易戦争が始まる。トランプ政権は2018年4月16日、中国通信機器大手の国有企業、中興通訊（ZTE）がイランや北朝鮮に対し通信機器を違法に輸出していたとして、アメリカ企業による製品販売を7年間禁止すると発表。ZTEは通信機器の3割をアメリカのクアルコムやインテルに依存しており、一気に経営危機に陥る。米国半導体や部品が入ってこなくなったことで、ZTEの国内工場では大部分の生産ラインの操業が停止した。

さらに、アメリカ国防総省はファーウェイとZTEの携帯電話などについて、世界各地の米軍基地内で販売することを禁止。ちなみに、ZTEは中国の国営企業だが、ファーウェイは人民解放軍の出身者が設立した非上場企業である。

18年6月15日、アメリカは知的財産権侵害の制裁として、中国からの輸入品500億ドルに25％の追加関税を課す方針を決定。まさか、本当に関税措置はとられないだろうとグローバリスト側は高をくくっていたのだろうが、7月6日。アメリカ政府は航空産業、産業用ロボット、半導体など、中国が「中国製造2025」において、国産化を目指しているハイテク分野の製品を含む828品目、総額340億ドル規模の中国製品に関税を課した。

## 「中国製造2025」のねらい撃ち

アメリカが関税をかけた分野は、まさに中国に製造能力が不足している資本財や中間財が9割超を占めている。明らかに、中国製造2025に対するねらい撃ちだ。

中国製造2025では、以下の10分野について、

「今後10年で、重点的に産業の高度化を図り、世界の製造強国レベルに持っていく」ことを目的としている。

1. 次世代情報技術（IT）
2. ハイエンド制御工作機械とロボット
3. 航空宇宙設備
4. 海洋エンジニアリング・ハイテク船舶
5. 先端鉄道交通設備
6. 省エネルギー・新エネルギー自動車
7. 高付加価値電力設備
8. 農業用機械設備
9. 新素材
10. バイオ医薬・高性能医療器械

上記10分野は、全てが「軍事技術」に直結する。技術力、経済力と軍事力の結びつきを理解すれば、中国製造2025が、単なる経済政策ではないことに気が付くはずだ。少なくとも、アメリカ政府は気が付いている。

ZTEの例からも分かる通り、中国経済は現時点ではバリューチェーンの上流分野の生産力がない。クアルコムやインテルの半導体、部品が入ってこなくなるだけで、ZTEの製造ラインが止まる。

中国共産党としては、自国経済の「弱点」は百も承知であろう。だからこそ、2025年までに上流分野も含めた「製造大国」を目指すという目標を掲げたのだ。それに対し、アメリカは明確に「NO」を突き付けた。

アメリカの関税引き上げに対し、中国側も報復に出る。中国はアメリカ産自動車、大豆、牛肉、海産物、ウイスキーなど340億ドル規模に報復関税をかけた。

とはいえ、アメリカの攻勢は止まらない。

8月23日、アメリカは半導体、鉄道車両、化学製品など160億ドル規模の中国製品に追加関税を課した。7月の第1弾と合わせると、総額500億ドル規模となる。

対する中国も、アメリカ産鉄鋼、銅など333品目、160億ドル規模に対し報復関税。さらに、中国はアメリカの対中制裁がWTOルール違反であると主張し、同日、WTOに提訴した。

すると、9月24日、トランプ政権は追加的に2000億ドル規模の対中制裁第3弾を発動。アメリカの対中制裁規模は、実に2500億ドルに達し、中国の対米輸出の約半分に高関税が課されることになった。

図18の通り、アメリカの貿易赤字は21世紀に入って以降に急増し、09年のリーマンショックで一時的に減ったものの、その後は再び拡大。2017年には8628億ドルに達した。うち、およそ半分弱が対中貿易赤字である。

無論、アメリカの巨額すぎる対中貿易赤字が「フェアな競争」の結果であれば、トランプ政権は貿易戦争には乗り出さなかっただろう。とはいえ、現実にはナヴァロ教授の寄稿の通り、不公平かつ攻撃的なチャイナ・グローバリズムの結果なのである。

アメリカの対中貿易赤字は「アメリカから中国への所得移転」そのものだ。貿易収支としてアメリカから吸い上げられた所得は、中国共産党の冊封体制の復活という「帝国建設」のために使われる。アメリカの対中貿易赤字こそが、中国を「覇権国に対する挑戦国」へと育て上げたのである。

| 図18 | アメリカの貿易赤字の推移(100万ドル)

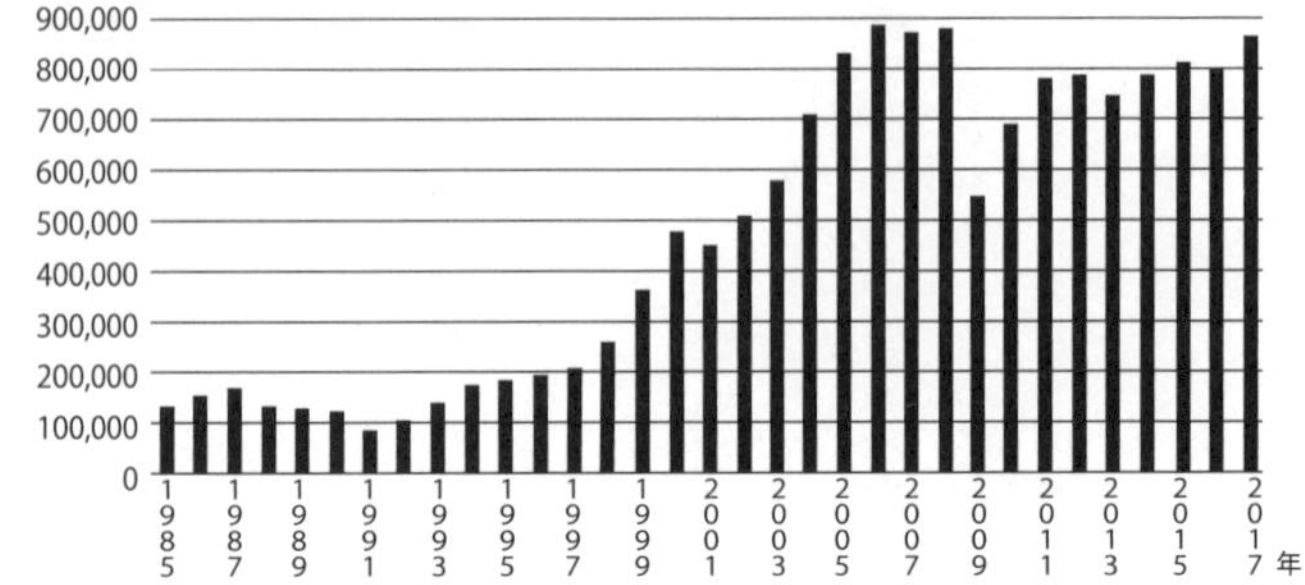


出典:国連貿易開発会議

## 「自由貿易」推進が「挑戦国」を生み出す

歴史を振り返ると、グローバリズムは覇権国が「自由貿易」を世界的に推進することで、宿命的に「挑戦国」を生み出してきた。例えば、第1次グローバリズムの覇権国だったイギリス。イギリスは自由貿易にこだわり、自国市場を開放。無論、当初はイギリス製造業の生産力は圧倒的に世界一であったため、自国を含む全ての市場でイギリス製品が圧勝した。

ところが、イギリス製品の攻勢を受けたドイツとアメリカが、それこそ「高関税政策」による保護主義を採る。イギリス製品を国内市場から締め出した上で、生産性向上のための投資を積み重ね、いつしか両国の生産性や経済力は覇権国に近づいていく。

ヨーロッパにおいて、ドイツの経済力がイギリスを凌《りょう》駕《が》するに至り、政治的、軍事的なパワーバランスも崩壊。経済力と軍事力は、ほぼイコールの関係にある。欧州で軍事バランスが壊れた結果、第1次世界大戦が勃発した。

第1次グローバリズムの覇権国イギリスは、保護主義を採る米独の生産力が上がり、自国製品が世界市場で敗北を重ねても「自由貿易」という理念にこだわった。結果的に、一時は世界を制したイギリス製造業は凋落の一途をたどる。

さて、お分かりだろう。アメリカを覇権国とする第2次グローバリズムの時代、口先では、「グローバリゼーションは守られなければならない」

などと言いつつ、自らは強固な保護主義を採り、外国製品を締め出す。覇権国が「自由貿易」を提唱しているのをいいことに、対米貿易黒字を拡大し、経済力と軍事力を強化したのが中華人民共和国だ。中国の台頭は、覇権国が「自由貿易」という理念にこだわっている以上、必然の「現象」なのである。

しかも、アメリカが「自由貿易」にこだわったのは、別にアメリカ国民のためではない。アメリカの「所得上位1％」を中心とするグローバル投資家、あるいはグローバル企業の利益最大化にとって、そちらの方が都合が良いためだ。

グローバリストは、国境や国家にはこだわらない。彼らの価値観は「カネ」のみである。このまま中国の経済力、軍事力が高まり、アメリカが衰退していったとしても、グローバリストは単に住居をＮＹから上海に移すだけだ。

とはいえ、ほとんどのアメリカ国民は逃げられない。アメリカから簡単に他国へ「祖国」を移すことができない人々は「アメリカ国民のための政治」を求めた。結果的に、トランプ政権が誕生し、米中貿易戦争が始まったわけである。

つまりは、現在の世界は「グローバリズム対ナショナリズム」の鍔迫《つばぜ》り合いにより動かされているのだ。本来、民主主義を尊ぶ西側先進国のメディアは、ナショナリズム側、つまりは国民側につかなければならない。ところが、現実には多くのメディアがグローバリズム側に与《くみ》し、「自国ファースト」を叫ぶ政治家や政党に「極右」「ポピュリスト」「ウルトラ・ナショナリスト」といったレッテル貼りをしてくるわけである。ドイツのＡｆＤに至っては、ナチス呼ばわりされている有様だ。

## ナショナリズムを訴えることで「選挙に勝てる」時代

前章で解説した通り、ナショナリズムと民主主義は表裏一体だ。ナショナリズムなしの民主主義など、ありえない。あったとしても、長続きはしない。

日本の朝日新聞や毎日新聞など、日頃は「民主主義、民主主義」と言っている以上、ナショナリズムを礼賛し、グローバリズムを攻撃しなければならないはずなのだ。ところが、現実には朝日も毎日もナショナリズムを毛嫌いし、グローバリズム的な政策を礼賛する。不整合極まりないが、そもそも朝日や毎日、あるいは他の大手メディアの記者にしても、民主主義が健全に成立するためにはナショナリズムが不可欠という基本すら理解していないのだろう。だからこそ、

「民主主義を守れ！　グローバリズム推進！」

などといった、方向が正反対の価値観を同時に叫ぶことができるのだ。

民主主義とグローバリズムは相性が悪い。グローバリズム的な政策を推し進めると、多くの「国民」が不利益を被る以上、当然だ。自らが損をした多数派の国民は、有権者としてグローバリズムに対してノーを突き付けるだろう。

だからこそ、グローバリズムは民主主義を歪めるか、もしくは迂回《うかい》しようとする。アメリカでいえば、企業がロビイストを使い、自社や自産業に都合が良い政策を「議会」で実現しようとする。日本の場合は、政府の諮問会議（規制改革推進会議、未来投資会議、国家戦略特区諮問会議など）に入り込んだ政商、民間人が、自らを利する政策を提言する。諮問会議の提言は、そのまま内閣で閣議決定され、「すでに決まった政策」として国会で審議にかけられ、政策が変わってしまう。

アメリカは、まだしもロビイストが「議員」を動かしている。つまりは、民主主義のプロセスを逸脱していない。それに対し、日本は国会議員ですらない民間人が諮問会議に入り込み、

自己利益最大化のための政策を通している。日本は、すでに民主主義が成立していないと言っても過言ではない有様なのだ。

あるいは、グローバル企業がメディアを支配し、グローバリズムを「啓蒙《けいもう》」していく。結果的に、国民も何となく「グローバル化は良いことだ」と思い込むようになり、ナショナリズム的政策、つまり「自分たち国民を利する政策」を主張する政治家を白眼視するようになる。

もっとも、2016年6月23日の英国民投票、つまりはイギリス国民がブレグジットを決断した国民投票以降、世界の歴史の「潮流」が明らかに変わった。同年11月のトランプ大統領誕生、第1回投票でルペン、メランションという「反グローバル派」の得票が4割を超えた17年4月のフランス大統領選挙、AfDが94議席を獲得した同9月のドイツ総選挙、国民党と自由党による連立政権を誕生させた同10月のオーストリア総選挙、18年3月の総選挙で「五つ星運動」、同盟が勝利したイタリアと、反グローバリズムあるいは「ナショナリズム」を主張する政治勢力は、着実に力を増している。グローバリズムに対し、ナショナリズムを訴えることで「選挙に勝てる」時代が訪れたのだ。

## トランプの「対中警戒論」は世界に広がる

トランプ政権のチャイナ・グローバリズムを相手取った貿易戦争も、間違いなく「ナショナリズムの反撃」の戦線なのである。

２０１８年7月31日、アメリカの上院、下院は「国防権限法」を圧倒的多数で可決した。国防権限法とは、アメリカの今年度の国防予算の大枠や国防方針などを定める法律である。18年度の国防権限法の注目すべき点は、アメリカの政府機関で中国の製品の使用を禁止する条項などが盛り込まれている点である。アメリカは政府（トランプ政権）に加えて、連邦議会までもが、

「中国共産党が軍の近代化や強引な投資を通じて国際秩序を覆そうとしている」

と認めたことになる。

トランプ大統領は8月13日に、議会が承認した国防権限法に署名し、同法は成立した。トランプ政権は、17年12月時点で中国を「競争国」として規定する国家安全保障戦略を策定している。さらに、２０１８年国家防衛戦略において、

「米国の繁栄と安全保障を巡る重要課題は、長期的かつ戦略的競争の再出現」

「中国は自国に有利なようにインド・太平洋地域の秩序を塗り替えるため、軍の近代化や情報作戦、略奪的な経済政策を通して近隣諸国を抑圧している」

と、対中国強硬姿勢を鮮明にする。

国防権限法では、対中取引に際して対米外国投資委員会による安全保障上の審査を厳格化す

ると同時に、アメリカからの技術について輸出規制の見直しを目指すとなっている。また、中国系企業などがアメリカ企業を買収し、先端技術を奪い取ることを防止するべく、IT産業への投資に上限を設けることを政府に要請している。さらに、中国政府のアメリカ国内におけるスパイ活動に利用されているZTE、ファーウェイとの契約を、アメリカ政府機関に禁じる規定も入った。国防権限法は、両社が「中国情報機関と関係がある」と断定した。

また、同法では台湾について、武器供与を推進する方針が盛り込まれ、中国共産党を牽制している。

アメリカの国防権限法成立を受け、中国側は外交部（外務省）が、

「冷戦思考とゼロサムゲームの理念を捨て、正確かつ客観的に両国関係を扱うように米国側に促す」

と、強烈な不満を表明。

もっとも、トランプ政権の対中警戒論は、西側先進国に広がりつつある。

欧州では、16年の中国による企業買収などの対欧直接投資の規模が350億ユーロ（約4兆6000億円）に達し、しかも投資先は不動産ではなく、最先端技術を持つ企業やインフラ関連企業がメインだった。例えば、ドイツの世界有数の産業ロボット製造会社クーカは、中国家電大手の美的集団に買収された。中国への「技術流出」が懸念される状況になって当然である。

というわけで、欧州委員会とEU加盟国政府が連携し、域外からの買収審査を強化することになった。中国への技術流出により「安全保障」に影響が出ることを恐れているのだ。

ユンケル欧州委員会委員長は、買収審査強化に際し、

「初心《うぶ》な自由貿易の支持者であってはならず、戦略的な利益は常に守らねばならない」

と語ったが、そもそもEU自体が「最も完成されたグローバリズムの協定」なのである。自由貿易（ヒト、モノ、カネの国境を越えた移動の自由）の理念を支持していたEUまでもが、資本移動（企業買収等）の規制強化に乗り出した。時代は変わった。

2018年1月28日、ドイツ経済省のマティアス・マハニック次官は、ドイツ政府がフランス、イタリアと共に、買収規制や投資監視の立法に向けた草案を起草し、EU議会に提出すると発言。マハニック次官は、

「法案を年末までに可決すべきだ」

と述べた。

マハニック次官は、投資元となる企業は所在国政府に背後でコントロールされている可能性があるとして、

「中国を含む各国の買収案を詳細に調査する必要がある。場合によって、買収案を中止させるべきだ」

と、中国を念頭に「買収阻止」の必要性を強調。

ドイツのガブリエル元外相も、ミュンヘンで行われた科学技術関連会議において「技術の冷戦」という言葉を初めて使用。

「西側諸国の技術大国の地位は初めて厳しい挑戦を強いられた」

と政府が国内重要先端技術を保護すべきと発言した。

ドイツ政府は、ドイツ復興金融公庫（ＫｆＷ）に対し、送電会社「50ヘルツ・トランスミッション」の株式20％を一時的に取得させた。理由は、中国の国営送電会社国家電網が、オーストラリアの投資会社が持つ「50ヘルツ」の株式20％の獲得に動いたためである。

さらに、ドイツ政府は18年8月1日、宇宙船や航空機の部品製造技術で名高い独北西部の精密機器メーカー「ライフェルト・メタル・スピニング」に対する、中国企業の買収案件に「拒否権」を行使した。理由はずばり「安全保障上の理由」だ。

2年ほど前までは、ドイツと中国はまさに「蜜月状態」といっても過言ではない関係だった。それが、中国を標的に資本移動の規制を始めるわけだから、欧州で中華人民共和国の「技術力強化」に対する警戒感が高まっていることがわかる。

オーストラリア政府は8月23日、次世代5Ｇネットワーク構築に際し、「オーストラリアの法律と矛盾する外国政府からの指示に従う可能性があるメーカー」

の製品を禁止した。具体的な国名や企業名は上げていないが、同通達がZTEとファーウェイを意味しているのは明らかだ。

イギリスのサイバーセキュリティを担当する「国家サイバーセキュリティセンター」は、18年4月時点で英国通信事業者に対し、ZTEの製造する機器を使用しないように警告している。また、8月27日には、「あの」平和ボケの日本政府までもが、安全保障上の理由からZTEとファーウェイを情報システム導入時に入札から除外するとの報道が流れた。

## 「一帯一路」も座礁

西側先進国がこぞって中国に対する「規制」を始めたのと並行し、中国共産党あるいは習近平の「夢」である冊封体制の復活、すなわち一帯一路も暗礁に乗り上げつつある。中国国内の過剰生産能力を、アジア諸国の「草原の道」「絹の道」「スパイス・ロード（海の道）」のインフラを整備することで解消する。資金は高利で貸し付けるか、あるいはAIIBを活用。技術や資材はもちろん、労働者までをも中国から派遣し、各国における中国共産党の権益を強化。投資相手国が高金利の対中債務の返済ができなくなった場合は、代償として中国が建設したインフラを差し出させる。

確かに「中国共産党の党益」だけを考えるならば、素晴らしいシステムだ。とはいえ、国内に中国資本の鉄道、道路、港湾設備などを整備され、雇用も創出されず、借金返済が滞るとインフラを取り上げられるわけだから、アジア各国から反発の声が上がらない方がおかしい。特に、スリランカの事例を見た中国の周辺諸国は、慄然《りつぜん》としたに違いない。

2010年　コロンボの南東250㎞に位置する漁村のハンバントタに、中国が10億ドル以上を融資し、港湾を建設した。スリランカ政府は最高6・3％の金利を支払うことができず、最終的に港湾を「99年間」中国側に貸与することになったのだ。

「債務による罠《わな》だ。植民地になったと同然だ」

と、嘆き節を発したのは、スリランカの野党系国会議員である。まさに、議員の表現通り、スリランカは中華人民共和国の植民地となった。

2017年7月29日、スリランカ政府は南部ハンバントタ港の運営権を、中国企業に譲渡する契約を締結。スリランカ政府は債務軽減と引き換えに、中国側に99年間の運営権、および治安警備の権限を譲渡せざるをえなくなった。インフラを失うのみならず、スリランカ政府は治外法権も提供するわけだ。

スリランカの事例を見た他のアジア諸国が、一帯一路に対し腰が引け始めたのも無理はない。パキスタンはインダス川流域のディアメル・バハシャダム建設に対し、中国側が申し出ていた140億ドルの融資を拒否。インダス川はパキスタンの穀倉地帯を流れる大河である。インダス川関連のインフラを支配された日には、パキスタンは中国の属国と化すことになる。

ネパールは約25億ドル規模の水力発電事業について、事業取り消しを決定。理由は、合弁相手の中国企業が「重大な財務違反を犯した」ためとされている。

ミャンマーは北部のカチン州ミッソンにおいて、中国が主導する36億ドル規模のダム建設再開について、明確に拒否の意向を示す。ミッソンのダムは、ミャンマーの旧軍事政権が中国と合意したプロジェクトである。ダム完成の暁には、発電された電気の9割が中国に輸出されるという、露骨な「帝国主義」モデルであった。

当然、ミャンマー国民の批判が高まり、2011年9月に、テイン・セイン前大統領が中断を決定。政権交代後、アウン・サン・スーチー国家顧問兼外相には中国から猛烈な「圧力」がかかっていたが、ミャンマー政府は「大型水力発電所には関心がない」と表明した。

アメリカ政府は18年8月16日、中華人民共和国の軍事力に関する2018年度年次報告書を公表した。報告書は、中国の一帯一路に対する「警戒感」で満ち溢《あふ》れていた。

報告書の正式名称は「中国の軍事と安全保障の発展についての年次報告書」だが、一帯一路について構想自体が軍事的な要素を含んでいると断定。中国は「一帯一路」により、まずは相手国の中国資本に対する依存状態を作り出す。その後、資本的関係を相手の弱点として利用し、軍事関連の権益の移譲に持っていく。具体的な例として、報告書では前述のスリランカのハンバントタ港が挙げられていた。

中国の一帯一路は、中国製造2025同様に、表向きは「経済政策」なのだが、実態は「軍事戦略」である。少なくとも、アメリカ政府は中国共産党のねらいを正確に見抜いている。

モノ、ヒト、カネの国境を越えた移動の自由を「善」とするグローバリズムのテーゼに沿えば、中国が各国に「カネ」を投じ、「モノ（港湾や高速鉄道など）」を建設。労働者として中国から「ヒト」を送り出すという一帯一路は、「何の問題もない」という話になってしまう。とはいえ、チャイナ・グローバリズムにおいて、モノ、ヒト、カネはあくまで中国共産党の党利に基づき、軍事的な拠点、海軍の停泊港、軍隊や兵站《へいたん》の輸送ルートを求め、国境を越えるのである。

## 対中認識のヨーロッパと日本の落差

アメリカ政府が正式に「軍事目的」と認めた一帯一路について、単純な「経済政策」としてしか認識できない日本の政治家、官僚、評論家たちの脳内の、何とお花畑なことか。

2018年4月には、ハンガリーを除く全てのEU加盟国の大使が、中国政府に書簡を送り、一帯一路について、

「透明性、労働基準、債務の持続可能性、オープンな調達手続、環境保護の諸原則を中核とす

るべきだ」

と要請した。

ところで、ハンガリーが書簡送付を拒否したのはなぜだろうか。中国が欧州に影響を与えるべく、ハンガリーやセルビアといった東欧諸国との関係を強化しているためだ。17年11月27日にハンガリーのブダペストを訪れた中国の李克強首相は、演説において、

「中国と東欧の協力は相互利益に基づく。グローバル化に沿っており、合理的だ」

と、強調した。さらに、李首相は東欧16カ国を対象に融資枠を新設し、インフラ整備を目的とした計約36億ユーロ（約4000億円）規模の支援を表明。特に、ハンガリーのオルバン首相は対中関係強化に熱心で、中国が協力するハンガリー・セルビア間の高速鉄道整備の入札を発表した。ハンガリーとセルビアが高速鉄道で結ばれると、すでに中国が抑えているギリシャの港湾からアジアに物資を運ぶ有力なルートとなる。

一帯一路が、アジアを越えてギリシャのピレウス港までつながることになるのだ。中華人民共和国の長い腕が、欧州中央部まで伸びてくる。まさに一帯一路を象徴する、習近平肝いりのプロジェクトだった。

18年8月23日、ハンガリー・セルビア間の高速鉄道建設について、欧州委員会が調査に乗り出すとの報道が流れた。EUの調査は、まずは総工費28億9000万ドルの鉄道建設の実行可

能性について、資金面から検証。また、EU法において、大型輸送プロジェクトは公開入札を実施しなければならないと定められている。ハンガリー・セルビア間高速鉄道は、同法に抵触している可能性があるとのことである。特に、EUに加盟しているハンガリー側は厳しい目で見られることになる。同プロジェクトのうち、総工費18億ドルのハンガリー部分については、契約書が一切公表されていない。

フランスのマクロン大統領は、18年1月に北京を訪問した際、一帯一路について、「この帯と路が通過する国々を属国化し、覇権を確立する新たな手段であってはならない。過去のシルクロードは中国の専有物ではなかったし、一方通行でもなかった」と、語っている。まさしく、古の昔から大モンゴル帝国時代に至っても、草原の道、絹の道、「交易の道」であり、周辺国の属国化や軍事拠点確立に使われたことはない。スパイス・ロードこと海の道は、第零次グローバリズム以降、ポルトガルやスペイン、オランダやイギリスの交易拠点であると同時に、軍事拠点化していった。中国共産党はアフリカから東南アジアに至るスパイス・ロードを、かつての帝国主義諸国さながらに軍事拠点の首飾りと化そうとしているのだ。

ちなみに、EUが反「一帯一路」の傾向を強めているのは、AIIBが実は「ビジネスにならない」という現実を理解し始めたためでもある。2014年、EU諸国は一帯一路の資金源となるAIIBにこぞって参加した。ところが蓋《ふた》を開けてみると、AIIBのプロジェクトは9割近くが中国企業に落札され、「おこぼれ」すら落ちてこない。そもそも、AIIBにしても一帯一路にしても、中国共産党の冊封体制復活の一環である以上、当たり前だ。

しかも、中国共産党はお得意の「賄賂戦術」でアジア各国の政治家を籠絡《ろうらく》し、一帯一路のプロジェクトを承認させようとする。結果的に、特に中央アジア諸国の政界に汚職が蔓延し、何とロシアのインディペンデンス紙までもが批判するという不思議な状況になっている。

一帯一路は中国共産党が仕掛けた「債務トラップ」であるとの認識が、アジア諸国に広まり、中国関連プロジェクトは相手国の国民から批判を呼びかねない。だからこそ、中国共産党は投資相手国の「政治」との結びつきを強め、国内の反発を押しのけてもプロジェクトを推進しようとするわけだ。一帯一路と中国の賄賂攻勢は、表裏一体の関係にある。

## 親中国も反発するアジア

スリランカの一件で世界中から批判を浴びている中国側は、一応、反論はしている。例えば、中国国内シンクタンクの中国現代国際関係研究所のワン・シー准研究員は、

「中国陰謀論は、欧米メディアの根拠のない誇大広告だ。負債過多はスリランカの政治的不安定さと低収入、福祉政策などによるもので、中国はその責任を負えない」

と発言。さらに、スリランカの借款に占める割合は日本が12％、中国が10％であることを引き合いに出し、

「日本を批判しない西側メディアはダブルスタンダードだ」

と、いきなり我が国を槍玉に上げ、相対化することで中国の悪印象を薄めようとした。それに対し、インドの戦略研究家ブレーマ・チェラニー氏は、

「日本によるプロジェクトの金利は0・5％に過ぎないのに、中国は6・3％です」

と、反論している。

2018年7月30日、中国の共産党メディア人民日報は、「一帯一路」の沿線55カ国に対する中国企業の18年上半期の直接投資が、前年同期比で15％減少したと報じた。イギリスのフィナンシャルタイムズ紙は、

「沿線国では市民の反対や労働政策への抗議、施工延期、国の安全への懸念など多くのトラブルが発生している」

と、一帯一路がかつての勢いを失っていると主張している。

特に決定的だったのは、マレーシアの総選挙であろう。習近平の子飼い（にしか見えなかった）のナジブが倒れ、マハティール新首相が誕生した。マハティール首相は、8月20日の李克強首相との会談後の記者会見で、

「われわれは新たな植民地主義の出現を見たくない。単に開かれた、自由な貿易だけでは、貧しい国は豊かな国に勝ちようがない。必要なのは公平な貿易だ」

と、語った。

マハティール首相は、中国の一帯一路が新たな「植民地主義」であると明言したのも同然である。その後、マハティール首相は中国を訪問し、「一帯一路」構想に関連したマレーシア国内の大型インフラプロジェクトを延期または中止すると断言。具体的には、予算規模200億ドル（約2・2兆円）の鉄道建設と、予算20億ドル（約2200億円）の2本のパイプライン計画になる。

マレーシアに限らず、反一帯一路はアジア全域に広がりつつあり、フィリピンでも、

「マレーシアに倣ってプロジェクトの中止を」

との声が出始めた。18年6月には、ミャンマーで中国資本による深水湊建設が見直しになり、7月にはタイの一帯一路プロジェクトについても、大きな遅れが出ていると報じられた。

世界は、中国共産党の「中国製造2025」および「一帯一路」について、中華人民共和国の「軍事力強化」と「覇権拡大」が目的であると認識し、それぞれの国がときに連携し、ときに単独で動き出している。

それにもかかわらず、我が国の動きは遅い。しかも、この期に及んで「日中友好」とやらが

政府の手足を縛っている。

先述の通り、日本政府はZTEやファーウェイを入札から除外する方針を固めた。ところが、産経新聞「2018年8月26日　中国通信機器2社を入札から除外　日本政府方針　安全保障で米豪などと足並み」によると、

「一方で、10月に予定される安倍晋三首相の訪中に向け、日中関係の改善ムードに悪影響が及ぶことを危ぶむ声もある。除外の方針が、世界貿易機関（WTO）の内外無差別原則に抵触すると解釈される余地も否定できない。日本政府関係者は『統一基準の中に「中国」の国名や企業名を盛り込むところまでは踏み込めないだろう』と話した。」

とのことである。

敵国のスパイ活動を、当の敵国との「友好関係」「改善ムード」を理由に、完全に防止することができない。繰り返すが、こんな国は普通に亡びる。

8月28日には、何とロシア政府までもがZTEやファーウェイの通信設備に対する輸入規制を検討していることが報じられた。全ての主権国家にとって、他国は原則的に仮想敵国（もしくは敵国）である。無論、現時点で同盟国であったとしても、未来永劫《えいごう》、同盟関係が続く保証はない。特に、中華人民共和国の場合はZTEやファーウェイの通信機器を使い、情報収集、

スパイ活動を行っているのだ。中国と一見、関係が深いかに見えるロシアであっても、安全保障上の理由があれば普通にZTEやファーウェイに規制をかける。

ところが、我が国は「モノの移動の自由」というグローバリズム、あるいは「日中友好」といった幻想により、政府が中国について名指しの規制に動くことができない。

挙句の果てに、日本企業の中には「中国製造2025に協力する」などと表明するところも出てくる始末である。

# 終章

# 伝統と皇統

## 両軸のナショナリズム

### 空気が読めない三菱電機は日本の象徴

２０１８年７月10日、衝撃的なニュースが流れた。三菱電機が中国製造２０２５を「商機」としてとらえ、人工知能（ＡＩ）やモノのインターネット（ＩｏＴ）などの先端技術を、中国の製造現場に広げるビジネスを強化すると報じられたのだ。

世界中が中国２０２５のねらいを「中国の軍事力強化」であると見抜き、特にアメリカのトランプ政権が手段を選ばぬ対中貿易戦争を始めた状況で、能天気に「中国製造２０２５は我が社にとってビジネスチャンス！」などとやっているわけである。ここまで空気が読めないのか。あるいは、時代が読めないのか。

もっとも、三菱電機の愚かな判断は、まさに現在の日本の病を象徴していると言えないこともない。世界の趨勢《すうせい》や、チャイナ・グローバリズムの問題、日本国の防衛安全保障について、「どうでもいい。そんなことより、ビジネスチャンスはあるんだろうな？」とばかりに、ビジネス（カネ儲け）を全てに優先させる。

この愚劣な「今だけ、カネだけ、自分だけ」（鈴木宣弘教授）の態度に基づき、政治家や官僚までもが「ビジネス優先」で思考し、政策が推進されてしまう。日本に巣くう愚かなグローバリストの奴隷たちが、中国共産党に利用されているという話に過ぎない。

日本国民、経営者、そして政治家は「今、世界で何が起きているのか?」を知らなければならない。中国共産党に同調し、

「中国製造2025、ビジネスチャンスだ!」

「一帯一路! 日本企業のビジネスが広がる!」

などとやることは、日本国の「存続」に関わる問題であり、人類に対する罪でもあるという現実を理解する必要がある。

三菱電機に限らず、そもそも中国製造2025の主目的について、日本国内で正しく語っている論者は少ない。AIIBや一帯一路も同じだが、中国の戦略が「いかに日本企業のビジネスになるか」ばかりが論じられ、中国共産党の帝国建設や日本国の安全保障の危機は無視される。

## 「災害大国」だからこそ「健全なナショナリズム」を生む

なぜ、このような狂った事態になるのだろうか。やはり、ナショナリズムの問題は大きい。

大東亜戦争敗北後の日本国では、ナショナリズム=悪しきもの、といった認識で教育が行わ

れた。メディアの論調も、基本的にはそうであった。

日本人はナショナリズムと聞くと、すぐに「軍隊」あるいは「戦争」を想起するが、実際には「国民同士の助け合い」こそがナショナリズムの本質である。分かりやすい例を出すと、2011年3月11日、東日本大震災が発生した際に、日本国民の多くは「東北の同じ国民を助けなければ」と考えた。あの「思い」こそが、ナショナリズム（国民意識）だ。ナショナリズムとは国民同士の助け合いの気持ちなのである。

2008年に中国で四川大地震が発生した。あのとき、テレビで悲惨な被災地の映像を見つつ、「可哀想……」と同情した日本人は多いだろう。

とはいえ、「自分の身を捨ててでも、被災者を助けなければ」とまでは思わなかったはずだ。理由は、中国人は日本国民ではないためである。

日本が世界屈指の自然災害大国である以上、我々はナショナリズムという「国民同士の助け合いの気持ち」なしでは生き延びられない。東日本大震災のような大災害を受け、「一人」で生き延びることが可能だろうか。それとも、被災者は「自己責任」なのだろうか。そんなはずがないのである。

日本国はユーラシアの他の国々と比べ、ナショナリズムを醸成しやすい環境に置かれている。何しろ、ユーラシア大陸からそれなりに離れた島国であるため、元寇を除き、異民族の襲来を受けたことがない。日本国に住んでいる人々は、縄文時代から「同一民族」なのである。無論、百済《くだら》滅亡などで多少の「移民」は入ってきたものの、すぐに日本国に溶け込んでしまい、「周りは誰もが日本人」という状況が何千年も続いた。

これほどの「幸運」に恵まれた国は、間違いなく日本国だけである。例えば同じ島国でも、イギリスの場合、ケルト人、ローマ人、アングル人、サクソン人、デーン人、そしてフランス人(ノルマンディー)と、次々に異民族が流入し、民族が入れ替わってきた。ちなみに、日本列島に点在する前方後円墳を作ったのは、間違いなく日本民族だが、イギリスのストーンヘッジを作った民族は「不明」なのである。

また、日本列島は異民族の襲来こそないが、人々は繰り返し自然災害に襲われるという特徴を持っている。

日本の国土面積は、世界のわずか0・25%に過ぎない。それにもかかわらず、マグニチュード6以上の大地震の20%は日本で起きる。理由は、日本列島が太平洋プレート、北アメリカプレート、ユーラシアプレート、フィリピン海プレートと、四つの大陸プレートが交差する真上に存在しているためだ。

地震だけではない。日本は台風や豪雨により、水害、土砂災害が多発する国でもある。日本列島は弓形をしており、列島の真ん中を脊梁山脈が走っている。結果、川の上流から河口までの距離が極めて短い。

日本には雨季（梅雨）がある。さらに、偏西風の影響で、南洋から北上してきた台風が東シナ海で「北東」に進路を変える。台風が「日本列島に沿う」ように進んでいくのは、そのためだ。

地形的な事情で、豪雨が降る際には川の上流から河口までが、丸ごと雨域に入ってしまう。結果的に水害、土砂災害が多発する国なのだ。

さらには、火山も噴火する。豪雪という災害も頻発する。

驚くべきデータをご紹介しよう。日本のGDPは、世界の6％程度であるのに対し、災害被害総額の17．5％が我が国なのだ（平成26年版防災白書）。

日本列島は、GDPという経済規模に比して、諸外国と比べて3倍の災害被害を受け入れなければならない国土なのである。我が国は、自然災害のデパートだ。

これほどまでに自然災害が多発する以上、人々の間に、

「いざ自然災害が発生した際には助け合わなければ、誰も助からない」

という「助け合い」の気持ちが育まれていって当然だ。皮肉な話だが、日本国は自然災害大国であるがゆえに、国民の間に自然に「健全なナショナリズム」が生まれ、共有されていく国家なのだ。

これは、決定的に重大なポイントである。大げさでも何でもなく、今後の「人類」の歴史を大きく変える可能性があるのだ。

## 中国にナショナリズムはない

中国共産党という怪物は、遊牧民的なグローバリズムに、ナチスというよりはスターリニズム的な「党」至上主義、さらには冊封体制、華夷思想といった「中華」中心主義が結合し、キメラとして成長していった。誤解している日本人が少なくないだろうが、中国人民にナショナリズムはない。彼らは家族、さらには一族に属しているわけであって、中華人民共和国の国民ではない。これは、現在の中国人民に限った話ではなく、第二地域の「中華帝国」の時代から同じなのである。

そもそも、中国人にナショナリズムがあるならば、あれほど大勢の人々が、簡単に祖国を捨てるはずがない。膨大な「華僑」の存在こそが、中国人民のナショナリズム欠如の何よりの証である。

無論、華僑は中国国内の「同族」とのネットワークを維持し、ビジネスに活用している。さらに言えば、中国共産党も華僑ネットワークを利用するが、それは互いに利益になるためであって、ナショナリズムが前提になっているわけではない。

そもそも、中華帝国の歴史は、易姓革命の繰り返しだ。易姓革命、つまりは皇帝や皇帝一家を弑逆《しいぎゃく》して、自らが皇帝の座に就く。そこにあるのは「自己利益最大化」という我欲のみである。真の意味で中華の人民のために皇帝を殺害したのであれば、そこで「身を引く」という選択肢があるはずだ。皇帝を排除する役目は終わった。これからは、最も相応しいものが中華帝国を治め、人民の幸福や福祉拡大のために尽くしてくれ、とはならない。弑逆者たちは、必ず「次の皇帝」となる。

口先では中国4000年の歴史（ちなみに、この事実無根なキャッチフレーズを最初に使ったのは糸井重里である）などと言いながら、実際には誰もが「今だけ、自分だけ」と、エゴイスティックに生きているのが中国人だ。一応「自分」の範囲が一族にまで拡大するものの、国家など知ったことではない。実力者が皇帝を弑逆し、次なる皇帝となる「国家」において、人民にナショナリズムを持てと言っても無理がある。しかも、何しろ第二地域の帝国であるため、私有財産は認められず、言論の自由もない。国家意識の拠り所すら、実力次第で変遷する。この手の国家に人民がナショナリズムを持つことは不可能だ。

我欲にまみれ、ナショナリズムが成立しえない国家、あるいは支配者（中国共産党）が、最も恐れる存在は何だろうか。もちろん、自分たちと「真逆」の国家である。

特に、縦軸のナショナリズムが強固な国家こそを、中国共産党は最も恐れる。なぜならば、自分たちの我欲に満ちた価値観では「勝ちえない」ためだ。

## 「横」と「縦」、2つのナショナリズム

実はナショナリズムには2つの軸がある。1つが、もちろん「現在の国民同士の助け合いの気持ち」である。すなわち、横軸のナショナリズムだ。

そして、ナショナリズムにはもう1つ「縦軸」がある。縦軸のナショナリズムは、「お互い様」にはなりえず、一方向的になる。

何の話かといえば、現在の我々の安全や繁栄は「過去の日本人」の投資、労働、研鑽《けんさん》の結果だという「現実」だ。日本国のインフラストラクチャーや生産能力は、過去の先人が蓄積した生産資産に依存している。

防衛安全保障、防災安全保障、エネルギー安全保障、食糧安全保障など、日本の各種安全保障が現時点で「崩壊」にまでは至っていないのは、別に現代の国民の手柄ではない。先人が様々な知恵を絞り、現代の国民が安全に暮らせるよう努力してくれたおかげなのだ。

我々は一方的に「過去の日本人」に助けてもらっている。そして時間をさかのぼることができないため、我々は過去の日本人を助けることはできない。縦軸のナショナリズムは、「互いに助け合う」ことが不可能なのだ。

ならば、我々「現在の日本国民」はどうすればいいのだろうか。もちろん「将来の日本人」のために投資、労働、研鑽を繰り返し、我々の子々孫々が豊かに、安全に暮らせるように生産資産を蓄積するのだ。あるいは、安全保障をはじめとする各種の経世済民（経済）の制度を整備するのである。

自分たちは先人の努力により、そこそこ安全で豊かに暮らしておきながら、将来の国民のためには何もしない。これでは、さすがに忘恩の徒の誹《そし》りを免れない。「今だけ、カネだけ、自分だけ」のグローバリズムに染まった人間は、「先人からの恩を将来に返す」と言われても拒否するのだろうが、まさしく忘恩の極みであり、人間として恥ずべき生き方だ。

過去の日本人に受けた恩恵を、将来の日本人に返す。これこそが、縦軸のナショナリズムなのである。

## 「経済」と「歴史」を取り戻せ

現代の日本国は、横軸のナショナリズムが相当に傷んでいる。自然災害大国であるにもかかわらず、「現在の国民」同士の助け合いの気持ちが失われてしまうと、我々はこの災害列島で生き延びることはできない。

同時に、縦軸も相当に酷い状況になっている。理由は、大東亜戦争敗北後にＧＨＱ、さらには日教組や自虐史家たちにより「歴史」を奪い取られたためだ。

歴史を知らない（あるいは「嘘」の歴史しか知らない）日本人は、縦軸のナショナリズムに思いを馳《は》せることはない。結果的に「今だけ、カネだけ、自分だけ」の価値観で人々が判断し、政治が動いてしまう。

例えば、09年に自民党から政権を奪取した民主党のスローガンの1つが「コンクリートから人へ」であった。「将来」のための公共投資を減らし、「現在」の国民に子ども手当を配りましょうという、実にさもしい発想なのだが、有権者の多くが支持し、自民党が政権から追いやられる結末となった。

何と、情けない国民に落ちぶれたのか、と言いたいわけだが、デフレで貧困化が続く我が国では、将来について思いやる「余裕」が失われるのは仕方がないのかも知れない。加えて、祖国の歴史すら忘れ去ってしまった日本国民から、縦軸のナショナリズムが失われてしまったのは必然といえる。

横軸のナショナリズムが「経済＝経世済民」であり、縦軸のナショナリズムは「歴史」だ。日本国民は、横のつながりとしてのナショナリズム、安全保障を取り戻すと同時に、改めて歴史を学ぶ必要がある。

本来、日本人ほど「縦軸のナショナリズム」が強固な国はないはずなのだ。理由はもちろん、日本が2000年を超すほどに長期に存続する「皇統」と共に、歴史を積み重ねてきた国であるためだ。

お分かりだろうが、中華人民共和国には「縦軸のナショナリズム」は存在しない。何しろ、易姓革命の国であり、皇帝が弑逆され、前王朝が全否定される形の歴史しか持ち合わせていない。自分たちが過去の歴代王朝、殷《いん》、周や漢、隋、唐、宋、元、明、清、中華民国などの「後継者である」などといった自覚を持つ中国人民は、中国共産党員を含めて1人もいないだろう。

中国共産党は「嘘の歴史」を吹聴し、現在の覇権拡大に利用してくるが、それは単にそちらの方が、自党の支配拡大に都合が良いために過ぎない。中国共産党は、自分たちの「利益」につながるように歴史を捏造《ねつぞう》する。つまりは、中国共産党は「歴史」の威力を正確に理解している。中華帝国の人々は幾度となく「先人とのつながり」を絶たれ、縦軸のナショナリズムが成立しえない。だからこそ逆に、「歴史」のパワーを実感として理解しているのだろう。

存在しないからこそ、重要性を理解する。移民国家であり、国民にナショナリズムがないからこそ、アメリカ合衆国が星条旗への忠誠やアメリカ英語を重視したのと同じだ。

我が国の場合、あまりにも長い歴史が初めから備え付けられた国家だ。それゆえに国民は「歴史のパワー」を意識することが少なく、GHQや自虐史家による「歴史喪失」のプロパガンダが、驚くほどに容易に拡散したのであろう。

## 「神話を忘れた民族は100年以内に滅び去る」

例えば、読者は現在の日本の歴史学会において、初代の神武《じんむ》天皇から9代の開化《かいか》天皇までの歴史が「なかったことになっている」という事実をご存じだろうか。例えば、1957年生まれの歴史学者である山本博文は、自著『天皇125代と日本の歴史』において、

「初代・神武天皇から九代・開化天皇までは、まったく神話の世界の話で、実在を信じる説はない。」

と、断定している。ただし、なぜ「実在を信じる説はない」のかについては説明はない。

また、同じく1957年生まれの皇室研究者高森明勅は、『歴代天皇事典』で、

「歴代天皇の物語は、九州から大和への東征譚で知られる神武天皇に始まる。この初代神武天皇から第九代開化天皇までは伝承上の天皇といわれている。」

と、決めつけている。

日本の戦後の歴史学者の特徴は、

・日本の史書は無条件で信じない
・日本の史書を裏付ける「現実」は見ない
・中国・朝鮮の史書は、無条件で信じる
・考古学を理由に日本の史書を否定する（否定する考古学的発見ではなく、肯定する考古学的

発見がないことを理由に史書を全否定する。）
・自虐史観にとって、都合が悪い外国の史書は否定する
・日本人騎馬民族説といった奇天烈な説を妄信する
と、実に「非科学的」なのである。

ちなみに、なぜ歴史学者たちが神武天皇から開花天皇までを「実在しない」と主張するのかといえば、神武天皇の没年齢が127歳、6代孝安《こうあん》天皇が137歳、7代孝霊《こうれい》天皇が128歳と、諸天皇の寿命が異常に長いためだ（日本書紀による）。

とはいえ、自虐史家すら存在を認めざるをえない仁徳《にんとく》天皇の没年齢は、日本書紀によると143歳（ちなみに11代垂仁《すいにん》天皇が139歳、12代景行《けいこう》天皇が147歳）である。なぜ、仁徳天皇は認め、開化天皇以前は全否定しようとするのだろうか。意味が分からない。

日本書紀に記録された諸天皇の寿命が極端に長いのは、当時は「春秋暦」が使用されていたためだろう。春の耕作期、秋の収穫期にそれぞれ「一年」が始まるとされたのだ。つまりは、各天皇の寿命は現代の暦で換算すると「倍」になっていると考えられる。

また、2代綏靖天皇から9代開化天皇までは、日本書紀に事績等の記述がないため全否定されるが、そんなことを言ったら神武天皇はどうなるのだ。事績は山ほどあり、本人が書いた「歌」までもが大量に残されている。

そもそも、古事記や日本書紀に書かれた神武天皇の「東征」は、地形学により「史実」であることが確定している。古事記には、神武天皇と大阪のナガスネヒコとの闘いについて、以下の通り描写されている。

「こうしてさらに、吉備の国から東へ東へと上っていったが、やがて一行の船は、波荒く立ち騒ぐ波速《なみはや》の渡りを過ぎて、波静かな白肩の港に停泊した。この時、登美《とみ》の地に住む那賀須泥毗古（ナガスネヒコ）、すなわち長い脛《すね》を持った男が、軍隊を起こして、東上してきた船を待ち迎えて一戦を挑んだ。そこで一行は、船の中に用意してあった楯を取り、岸辺に下りて防戦した。」

ポイントは、「波速の渡りを過ぎて、波静かな白肩の港に停泊した」の部分だ。白肩とは、生駒山の麓《ふもと》のことである。生駒山は、現在の奈良県生駒市と大阪府東大阪市との県境にある。つまりは、現在の大阪湾の海岸からは20㎞も内陸に位置しているのだ。

現在は水陸両用車でもない限り、船で生駒山の麓に到達するなどということはできない。ということは、古事記や日本書紀に書かれた神武天皇の大阪行は嘘なのか。

嘘ではないのである。地形学が発達した結果、現在の大阪市のほとんどがかつては「内海」で、海岸線が生駒山の麓であったことが判明したのだ。現在のＪＲ大阪駅の東（大阪駅の位置は外海だった）と、南から大阪城の位置まで突き出した半島との間に海峡があり、海が生駒山地の手前まで続いていた。

つまりは、神武天皇の大阪行の表現は、地形的には「完全に正しい」のである。浪速き中、神武天皇の軍隊は生駒山の麓までたどり着いた。だからこそ、現在の大阪は浪速と呼ばれる。日本書紀や古事記が書かれた時代には、海岸線が後退していた。つまりは、海上ルートで生駒山にたどり着くことは不可能になっていたのである。

日本書紀や古事記の書き手は、相当に首をひねっただろうが、とりあえず伝承通りに「波速の渡りを過ぎて、波静かな白肩の港に停泊した」と書き残した。それで「正解」だったのだ。海上ルートで生駒山の麓に向かうことが可能だったのは、いつ頃までだろうか。こちらも地形学の発達により、明確になっている。紀元前50年までである。

つまりは、神武天皇のナガスネヒコとの戦いは、紀元前50年よりも「前」に行われたことが確実なのだ。皇紀2600年は大げさ（春秋暦の場合）かも知れないが、神武天皇と呼ばれることになる人物が、2000年以上前に東征を敢行し、ナガスネヒコと戦ったのは疑いない「史実」なのである。

なぜ、ここまで「史実」が明らかであるにもかかわらず、日本の自虐史家たちは「開化天皇までは実在しない」といった荒唐無稽な説を撤回しないのだろうか。理由はもちろん、日本国が天照大神《あまてらすおおみかみ》という「神話」から続く、世界最古の国であるという現実を否定し、日本人から歴史に対する誇りを奪い去るためだ。

ちなみに、天照大神の息子の息子が、高天原から天下った瓊瓊杵尊《ににぎのみこと》で、瓊瓊杵尊の息子の息子（曾孫）が神倭伊波礼毗古命《かむやまといわれびこのみこと》、つまりは神武天皇である。天照大神という神話的な存在から、直近の天皇まで「男系」による皇統が維持されてきた、日本国は世界最長にして最強の「伝統」を誇る国だ。

などと書くと、天照大神は女性なので、男系ではないじゃないか！　などと意味不明な反論をする人がいるが、天照大神の息子、つまりは瓊瓊杵尊の父親である天忍穂耳尊《あめのおしほみみのみこと》の父親が誰なのかご存じだろうか。素戔嗚尊《すさのおのみこと》である。天忍穂耳尊は、天照大神と素戔嗚尊が「誓約《うけい》」をすることで生まれた。そして、素戔嗚尊の父親は伊弉諾尊《いざなぎのみこと》であるため、日本の皇統は「天地開闢《かいびゃく》」の時点から男系で維持されていることになる。

この種の「建国神話」までをも、日本人は忘れ去ってしまった。歴史学者のアーノルド・J・トインビーは
「神話を忘れた民族は、100年以内に滅び去る」

と名言を残したが、それを現在進行形で推進しているのが日本国だ。

## バークが説く「保守思想」の真髄

ところで、なぜ日本の皇統は「男系」なのだろうか。理由は「伝統だから」で終わる。

フランス革命期のイギリスの「〝保守〟思想家」であるエドモンド・バークは、著作（『フランス革命の省察』）において、人間の理性に頼り、暴走するフランス国民議会を猛烈に批判しているが、例えば「人権」については、

「しかも彼らは、古来の伝統や、過去の議会による決議、憲章、法律のことごとくを、一気に吹き飛ばす爆弾まで持っている。

この爆弾は『人権』と呼ばれる。長年の慣習に基づく権利や取り決めなど、人権の前にはすべて無効となる。人権は加減を知らず、妥協を受け付けない。人権の名のもとになされる要求を少しでも拒んだら、インチキで不正だということにされてしまうのだ」

と、〝爆弾〟扱いしている。

人権とは、非常に抽象的で曖昧《あいまい》な概念だ。「人権を害する」のボーダーラインは、はたしてどこなのか。使いようによっては、人権は他者を（特に政敵を）害する際の武器に使える。というか、現在の世界においても使われている。

〝理性〟による判断の問題の1つは、根拠となる〝価値観〟に普遍性がなく、長期的な正しさを担保できないことだ。わかりやすく書くと、

「人を殺してはならない」

という価値観であっても、平時の街中と、銃弾飛び交う戦場とでは、まるで意味が違ってくる。殺人という分かりやすい悪であっても、環境（戦時？　平時？）が違えば、現象に対する認識は異なる。

特に厄介なのは、〝理性的な判断〟の根拠となる価値観に「感情」という怪物が入ってくる場合だ。当たり前だが、同じ現象を目にしたとして、抱く感情は人によって変わる。

全ての人間が有する「感情という価値観」に基づき、長期的に正しい〝理性的な判断〟ができるだろうか。できるはずがない。

というより、我々が自身では〝理性的な判断〟としたものは、実は個々人の感情に基づく判断に過ぎないということはままある。

皇統がらみで具体的な例を出すと、「陛下の譲位問題」や「女系（女性ではない）天皇問題」になる。

「ご高齢にもかかわらず、公務を担わなければならない陛下はお可哀想」

「愛子様にお子様が生まれたとしても天皇になれない（「女系」になるため）のはお可哀想」

など、昨今は皇統をめぐり「感情的な判断」をする人が増えている。とはいえ「お可哀想」という価値観には、普遍性はない。同時に、長期的に正しいとは限らない。

特に、日本の皇統が神武天皇の古《いにしえ》から「男系」で続いていることについて、「現在の価値観」「感情的な価値観」に基づき、否定しようとする人は少なからずいるだろう。とはいえ、「現在の価値観から鑑みるに、皇統について男系でこだわるのは奇妙だ。女系も認めてしまえ」とやることは、まさしくバークが攻撃した〃理性〃的判断そのものなのだ。

確かに、理性的に考えるともっともに思えるかも知れないが、その判断が「長期的に日本国民のためになるか否か」は分からない。人間の寿命は、せいぜいが１００歳だ。

それでは、日本国家に対し、長期的に影響を与えることが確実な問題（皇統問題）について、我々はいかなる根拠に基づいて判断をすればいいのだろうか。

答えは、バークが『フランス革命の省察』において、しつこいほど繰り返している。すなわち〃伝統〃だ。

なぜ、〃伝統〃が正解なのか。理由は、まさしく「長期的に正しかった」がゆえに、伝統として続いてきたためである。長期的に正しくなければ、伝統は途中で途切れ、伝統たりえなかっただろう。

〃理性〃ではなく、伝統を大切に受け継ぎ、性急な改革に疑念を持つ。これが、バークの言う「保守思想」の神髄になる。

## マックス・ウェーバーの3つの支配

別の分かりやすい例を出すと、「遺伝子組み換え作物（GMO）」だ。

GMOが人間にとって安全なのかどうか、現時点では判明していない。何しろ、人類がGMOを口にし始めてから、未だに四半世紀程度しか経っていないのだ。

それに対し、我々が日常的に食している〝伝統的〟な非GMOの食物は、絶対に安全である。理由は、過去に人類が何百年と食べ続けてきたからだ。何十世代もの人類が食してきたにもかかわらず、問題が出ていない。伝統的な非GMO食品の安全性は、まさしく〝伝統〟によって安全を保障されている。

それに対し、GMOの安全性を〝科学〟によって主張する人々は、まさに〝理性的判断〟をしている。確かに「科学」的な根拠に基づけば正しいのかも知れないが、GMOが今後の人類に対し長期的に悪影響を与えないかどうか「わからない」というのが正解だ。

あるいは、日本各地に残る「伝統工芸」は、まさに伝統的に受け継がれてきたからこそ、その品質が保障されている。長期的視点で見ても素晴らしい工芸品でなければ、伝統工芸にはなれない。

もちろん、伝統的に長く続いてきたから「必ず正しい」というわけではない。だからと言って、伝統を根こそぎ全否定する態度は間違っている。問題があるならば、伝統に手を加え、メ

図19 支配の3類型（マックス・ウェーバー）

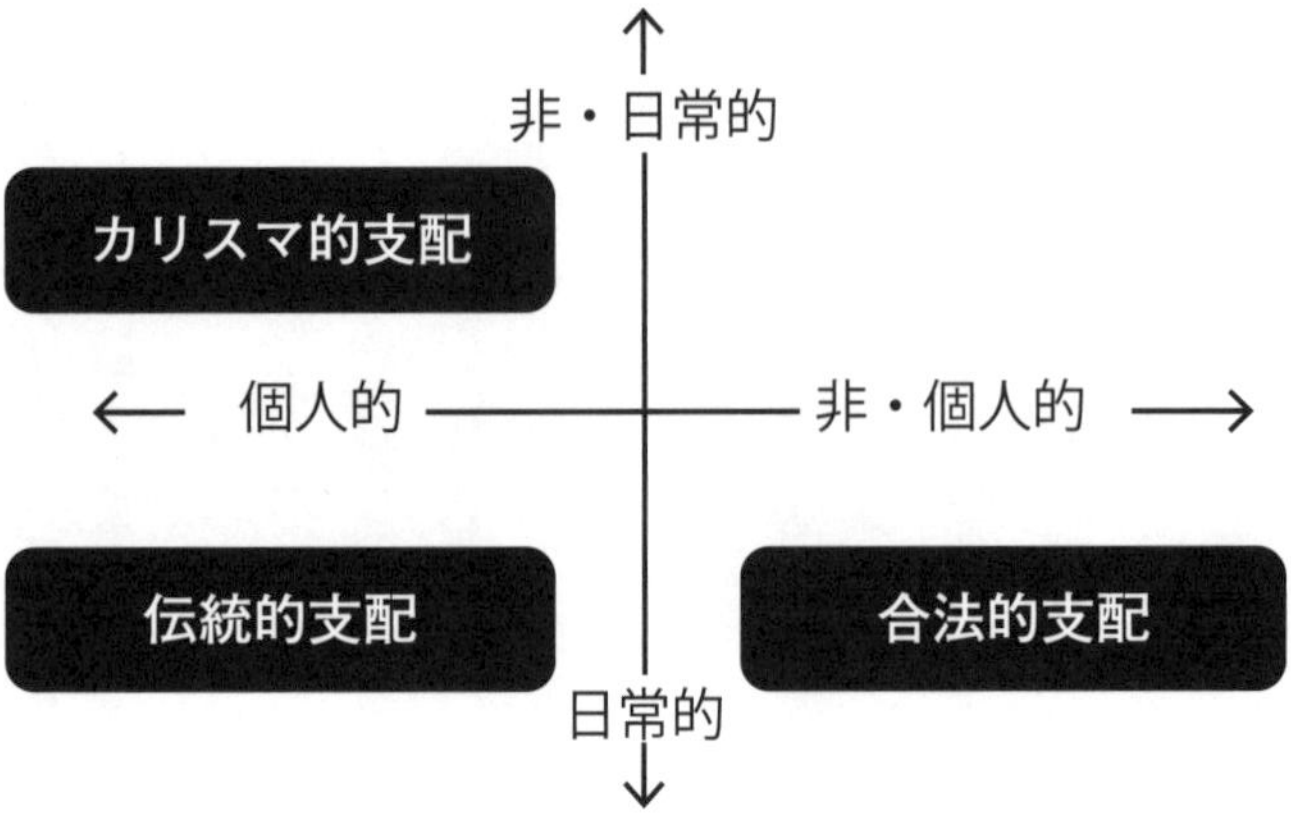


ンテナンス（＝保守）し、伝統を引き継ぐべきというのが、保守思想の元祖であるバークの考え方になる。

興味深いことに、ドイツの政治学者・社会学者・経済学者であるマックス・ウェーバーは、「権威による支配」には3類型があると主張していたが、その1つが「伝統」だった。

マックス・ウェーバーは、「日常的か、非日常的か」「個人的か、非個人的か」の2つの軸でマトリクスを作り、3つの象限にそれぞれ「カリスマ的支配」「合法的支配」そして「伝統的支配」を置いた。

ウェーバーの言う「支配」とは、

「ある内容の命令を下した場合、特定の人々の服従が得られる可能性」

と定義されている。つまりは、誰かの言うことに皆が納得し、秩序が構築される、その「理由」が何なのか、という話だ。

無論、カリスマ的、合法的、伝統的な支配以外にも、他者を従わせる方法はある。すなわち、暴力、財力、情報力の3つから成り立つ権力（パワー）による支配の強制だ。

中国共産党には、権威がない。特に、「中華民族の偉大なる復興」を掲げる習近平には、権威が皆無だ。何しろ、習近平は苛烈《かれつ》な党内抗争を「カネ」の力でのしあがった人物に過ぎない。中国共産党は主にパワー（特に暴力）に依存した人民支配をしている。つまりは、権威が存在しない。新皇帝の座をねらう習近平としては、かつての皇帝であった毛沢東（カリスマ的支配）のように、何らかの権威が欲しいところだ。

易姓革命の国である中国では、伝統的な権威など欠片も残っていない。さらには、中国は法治主義の国ではなく、人治主義国だ。法律すら、権威にはなりえないという、実に特殊な国なのである。中国で成立する権威は、カリスマ的支配以外にはない。

権力のみで13億人の中国人民を支配することは、利害関係の解消が困難で、最終的には易姓革命を招きかねない。

さて、我が国には2000年を超える「皇統」という、世界最強の伝統としての権威が存在する。何しろ、神話の時代から男系で受け継がれた伝統であるため、他国に並びえるものは1

つとして存在しない。日本の皇統は、世界随一の権威であり、伝統だ。

中華人民共和国にとって、日本国は聖徳太子の時代から中華帝国の冊封体制に入ることを拒否し、挙句の果てに日清戦争で（中華の属国だった）朝鮮を独立させ、台湾を割譲させ、最終的に冊封体制を破壊した「宿敵」だ。

中国共産党というモンスターが猛威を振るう世界において、日本国が置かれている「位置」を認識するならば、例えば皇統、皇室について「古臭い」「時代遅れ」といった個人の理性に基づき判断することが、いかに愚かなことであるかが理解できるはずだ。日本国の最大の強みは、世界最強の伝統たる皇統を頂いていることなのである。

そして、日本の皇統が有名無実化したとき、我々は「縦のナショナリズム」を回復する術を失う。

## 自然に起きた権威と権力の分離

日本国は、古代より皇統という権威は存続したものの、権力は別にあった。権力者は豪族、貴族、武士階級と移り変わっていくが、権威だけは不変だったのである。理由は、そもそも権威と権力の所有者が分かれていたためである。

中華帝国の皇帝たちは、権力を手にすると同時に、自らの権威付けに懸命になった。だからこそ、皇帝は史家に「前王朝」について辛辣《しんらつ》に書かせ、皇位を簒奪《さんだつ》した自らを正当化しようとしたのである。とはいえ、所詮は易姓革命の国では伝統という権威は生まれず、国家は常に「革命」の恐怖に怯《おび》えながら歴史を重ねざるをえない。

それに対し、我が国は〝男系の皇統という伝統〟により、権威は続く。権力者が入れ替わろうとも、国家としての永続性は保障されたのである。

しかも、日本国は大陸から距離がある島国だ。日本文明が「縦軸のナショナリズム」と「横軸のナショナリズム」を健全な形で発展させたのは、必然である。というよりも、そもそも異民族の襲来がないという前提があったからこそ、権威と権力を分離することが可能だったのだろう。日常的に異民族の襲来があるような国で、権威と権力を分離し、国家を安定するといった「贅沢」は不可能だ。

ところで、なぜ日本国の先人たちは男系の皇統を〝伝統〟になるまで守り続けたのか。より具体的な「男系の理由」を考えてみたい。

男系とは、男性の天皇の子供（息子ではない）しか皇位を継ぐことはできないというルールだ。ちなみに、愛子内親王殿下は男系の血筋の子供なので、天皇になれる（いわゆる「女性天皇」）。ただし、愛子内親王殿下の子供は、男の子だろうが女の子だろうが、皇位継承は不可能だ（女系になるため）。

などと書くと、今どき皇統において「女性を排除するなんて」と、的外れな批判を受けるわけだが、とんでもない。話はまるで逆だ。皇統から排除されているのは、我々一般の日本人男性であり、女性ではない。

何しろ、一般の日本人女性は男系の皇統に嫁ぐことで、自分の子供を天皇の座に就けることが可能なのだ。それに対し、我々男性陣は皇室の女性と結婚したとしても、生まれた子供は天皇になれない。理由はもちろん「女系」になってしまうためだ。

つまりは、日本の男系の伝統は皇統から「日本人男性」を排除しているのである。なぜなのだろうか。

1つの理由は「皇統乗っ取り」「皇帝廃絶」といったろくでもない企みを抱くのは、大抵は男性であるためだろう。あるいは、中華帝国の「外戚」の惨状を見たためかも知れない。

例えば、漢の10代皇帝である元帝《げんてい》の妻、孝元《こうげん》皇后の甥であった王莽《おうもう》は、外戚として勢力を拡大し、やがて漢王朝を乗っ取り「新」を建て、自ら皇帝の座に収まった。王莽に限らず、外戚が力を持つと、中華帝国はそのたびに揺らいだ。

日本の場合、権勢を誇った藤原道長《ふじわらのみちなが》であったとしても、自分の娘を天皇に嫁がせることができたが、息子を皇位に就けることはできなかった。道長が皇室の内親王と結婚したとしても、自分の子供に皇統を伝えることは不可能だ。せいぜいが「自分の孫（娘の子供）を天皇にする」

ことしかできないため、外戚の横暴は抑制された。

もっとも、日本の皇統の歴史において「皇位簒奪者」が皆無だったわけではない。日本の歴史において、皇位簒奪を図ったのは、まずは妹の法提郎女《ほていのいらつめ》が嫁いだ田村皇子を推し、天皇（舒明《じょめい》天皇）の座に就けた蘇我入鹿《そがのいるか》である。

643年、大臣の座を父親から譲り受けた蘇我入鹿は、わずか1カ月後、山背大兄王《やましろのおおえ》ら上宮王家の皇族を攻め、自殺に追い込んだ。結果、聖徳太子の血筋は消滅した。

644年、入鹿は甘樫丘《あまかしのおか》に邸宅を2棟建設し、それぞれ「上の宮門」「谷の宮門」とし、さらに自分の子女たちを皇子と呼ばせた。また、畝傍山《うねびやま》に要塞を築き、皇室行事を独断で代行する。

入鹿が皇位の座をねらっているのは、誰の目にも明らかだったが、645年、三韓（百済、新羅、高句麗）からの使者が訪れた際の儀式の場において、中大兄皇子（後の天智《てんぢ》天皇）と中《なか》臣鎌足《とみのかまたり》によって殺害された。いわゆる、乙巳《いっし》の変である。中大兄皇子らの「剣」が、蘇我入鹿の皇位簒奪の野望を打ち砕いた。

さらに時代は下り、761年。女性天皇（孝謙《こうけん》天皇）であり、天武《てんむ》天皇系の淳仁《じゅんにん》天皇に譲位した孝謙上皇が病に臥《ふ》せった。このとき、弓削《ゆげ》氏出身の僧侶である「道鏡《どうきょう》」が祈禱《きとう》を行い、上皇の病を治した。道鏡は宮廷に深く入り込み、上皇の寵愛《ちょうあい》を受けるに至る。

あまりの道鏡寵愛を諫《いさ》めた淳仁天皇に対し、孝謙上皇は反発。淳仁天皇は、藤原仲麻呂《ふじわらのなかまろ》の乱（恵美押勝《えみおしかつ》の乱）の巻き添えをくらい、追放されてしまう。孝謙上皇は称徳《しょうとく》天皇として重祚《ちょうそ》（再び天皇の座に就くという意味）した。

道鏡の権力は高まる一方で、ついに「法王」の称号を賜るに至る。法王の儀式は、天皇に準じたという。やがて、宮廷では「道鏡を天皇に」という声が出始める。

ある日、道鏡は「道鏡を皇位に就ければ天下泰平になる」という宇佐八幡宮の神託があったと、太宰主神習宜阿曾麻呂《すげのあそまろ》に虚偽の奏上をさせる。称徳天皇は、真実を確かめるべく、和気清《わけのきよ》麻呂《まろ》を宇佐八幡宮に派遣した。

清麻呂は都を立ち、10日余りの旅程で宇佐神宮に着き、斎戒沐浴《さいかいもくよく》して神殿にぬかずき、769年7月11日、

「我が国は開闢以来、君臣の分定まれり。臣を以って君と為すこと未だあらざるなり。天津日《あまつひ》嗣《つぎ》は必ず皇緒を立てよ。無道の人は宜《よろ》しく早く掃除すべし」

とのお告げを受ける。

そこで、清麻呂は八幡大神託宣奏記二通を作り、一通は神宮に納め、一通を称徳天皇へ奏上するものとし、7月21日に都に帰り着き、御所へ報告した。天皇となる道を封じられ、怒り狂った道鏡は清麻呂を「別部穢麻呂《わけべのきたなまろ》」に改名させ、追放する。

図20｜和気清麻呂が肖像の10円札

770年、称徳天皇が崩御すると、道鏡も失脚し、下野《しもつけ》国に赴任し、死亡した。清麻呂は召し返され、771年に元の位に戻された。ちなみに、和気清麻呂は10円札の肖像だったこともあるほど、歴史的に重要な人物なのだが、現代の日本国民はほとんど知らないのではないか。我々が歴史を「失っている」という現実が理解できるはずだ。

蘇我入鹿にせよ、道鏡にせよ、皇室に嫁いだ女性もしくは女性天皇を利用し、権力を強化していった。我が国の皇統における〝伝統〟が、日本人の男性排除論に基づいていても、別に不思議でも何でもない。

## 男系維持に苦悩した先人たち

ちなみに、長き日本の皇統において、男系の維持が困難になった時期は幾度となくあった。そのたびに、様々な苦労を重ねつつ、男系を維持してきたというのが本当のところである。

第16代の天皇は仁徳天皇だが、玄孫の武烈《ぶれつ》天皇を最後に、仁徳系には男系の候補がいなくなってしまった。武烈天皇は後継ぎがいないまま崩御し、男系の皇統が断絶寸前に至った。というわけで、大伴金村《おおとものかなむら》が越前の国で、仁徳天皇の兄弟の玄孫である男大迹《おおど》王を探し出し、説得。男大迹王は継体《けいたい》天皇として即位し、武烈天皇の姉に当たる手白香皇女《たしらかのひめみこ》を皇后に迎えた。

つまりは、現在の皇室は「男系」という点では仁徳天皇直系ではないのである。だからと言って、特に問題があるわけではない。男系で神武天皇に連なっていれば、それでいいのである。それが〝伝統〟だ。

第88代の後嵯峨《ごさが》天皇は、長男の後深草《ごふかくさ》天皇に譲位し、その後は上皇として権力をふるった。後嵯峨上皇は、後深草天皇を強引に退位させる。さらに、自らが寵愛していた、後深草天皇の弟にあたる亀山《かめやま》天皇を即位させた。結果的に、皇統は後深草天皇系の「持明院統《じみょういんとう》（北朝）」と、亀山天皇系の「大覚寺統《だいかくじとう》（南朝）」に分裂することになった。いわゆる南北朝時代の始まりである。

南北朝時代は、1392年に室町幕府の足利義満《あしかがよしみつ》が終わらせた。義満は持明院統と大覚寺統が交互に即位する事などを条件とし、後亀山《ごかめやま》天皇が保持していた三種の神器を後小松《ごこまつ》天皇に譲渡させ、南北朝合一を実現したのだ。

ところが、その後はかえって大変な事態に至ってしまう。日本史上初めて、最高権力者が「皇統の簒奪」に挑戦したのである。

南北朝時代を終わらせた足利義満は、権勢を見せつけるため、1393年に大勢の公家を引き連れて伊勢神宮に参拝した。伊勢参拝に遅刻した公家に対しては、公の場で叱り飛ばし、参拝の一行から外すという屈辱を与えた。

1406年、義満は後小松天皇に、自分の妻へ「朕之准母也」と詔させた。義満の妻が、天皇の准母。つまりは、義満は後小松天皇の准父となったのである。

さて、将軍職を辞した義満は、参内の際に常に二男の義嗣《よしつぐ》を同行させるようになる。さらに義嗣を、関白よりも上座に座らせた。明らかに「皇族」として扱うことを要求したのだ。

1408年、15歳となった義嗣は、何と天皇臨席の下で元服した。しかも、元服の儀式は「親王」と同じであった。以降、義嗣は天皇の御猶子、つまりは名目上の子供となり、若宮（幼少の皇子）と呼ばれるようになった。

義満が神武天皇の血脈から、自身の子供である義嗣に皇統を移そうとしていることは、誰の目にも明らかだった。蘇我入鹿や道鏡の場合、それぞれ中大兄皇子、和気清麻呂という「抑制者」がいた。それに対し、義満の時代は、室町幕府の権力に逆らえる者は、宮中にはもはや誰一人として残ってはいなかった。

皇統は絶体絶命の危機を迎えたことになるが、何と義嗣の元服式の10日後、義満は病に倒れ、そのまま急死してしまう。享年は51歳だった。

義嗣元服後に義満が死ななかった場合、皇統は〝男系〟で存続することができただろうか。分からない。

いずれにしても、絶体絶命のタイミングで、最高権力者が急死した。日本の皇統では、この手の不思議な話が意外に多い。

例えば、現在の皇室。1965年に秋篠宮文仁《あきしののみやふみひと》親王殿下がお生まれになり、その後、宮家で生まれた子供が、何と9人連続で女の子だった。9人連続で女の子が生まれる確率は、0・2%である。

0・2%の事態が発生し、男系の皇統の維持が困難という認識が広まり、小泉政権下で皇室典範に関する有識者会議（2004年）が開催された。結果的に、女性天皇や女系天皇の容認、長子優先を柱とした報告書が提出される。女性天皇はともかく、女系天皇は歴史上、一度も存在したことがない。伝統を破壊する「ラディカル（過激）」な報告書に、いわゆる保守勢力が騒然となった直後に、悠仁《ひさひと》親王殿下が誕生した。結果的に、有識者会議の報告書は「なかったこと」になる。

ちなみに、悠仁親王殿下という「男系の皇統の後継者」がいてもなお、女系天皇論は終息しない。要するに、日本の男系の皇統を破壊したいのだろうが、皇位継承問題は、実はそれほど騒ぎ立てるような話ではないのだ。

## 側室があった時代は乳児死亡率が高かった

何しろ、現時点で悠仁親王殿下までは〝男系〟の後継ぎが存在する。悠仁親王殿下に御子ができず、現在の男系皇統が途絶える可能性が生じるのは、少なくとも30年後以降のことだろう。なぜ、30年後以降の話を「今」決めなければならないのだろうか。悠仁親王殿下がご結婚され、男の子が生まれれば、それで終わる話である。

何言っているんだ、悠仁親王殿下に男の子が生まれないかも知れないではないか、と反論する人は少なくないだろうが、まずは「夫婦から男子が生まれる確率は50%ではない」という事実を理解してほしい。夫婦間で男の子が生まれる確率が50%というのは、あくまで一人っ子の場合のみである。3人の子供が生まれる場合、男の子が生まれない確率は12・5%(＝0・5×0・5×0・5)。4人の場合は、わずか6・25%(＝0・5×0・5×0・5×0・5)に過ぎない。悠仁親王殿下に4人の子供が生まれたとき、男系の後継者が存在する確率は93・75%だ。

## 図21 乳児死亡率と新生児死亡率

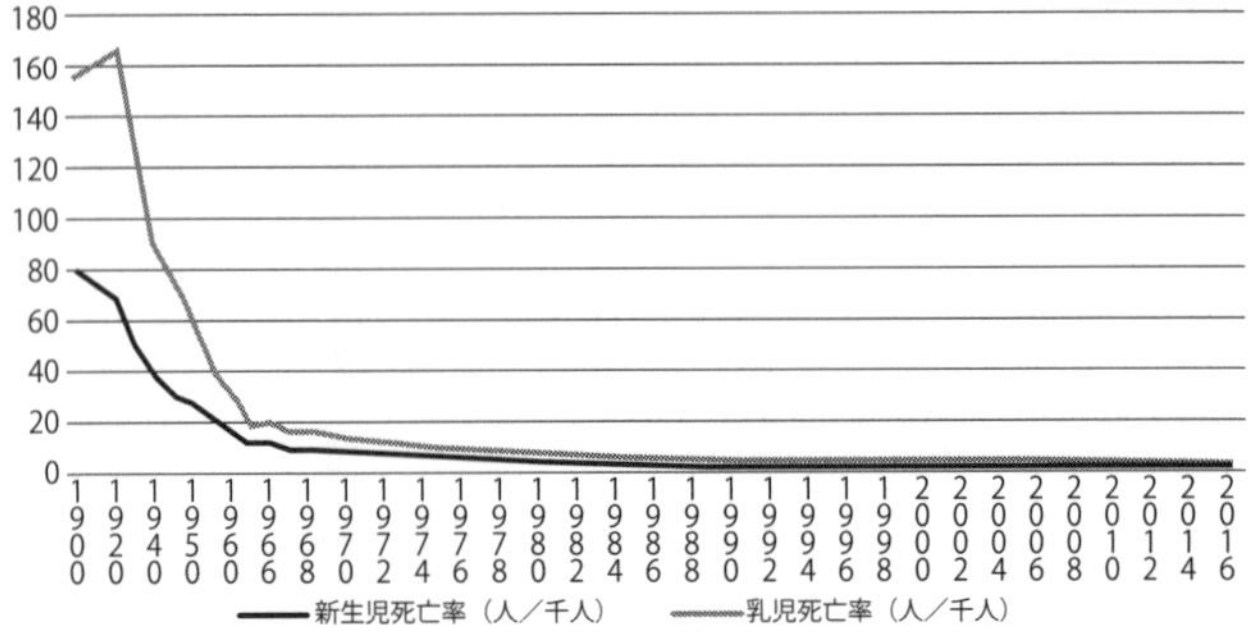


出典：国立社会保障・人口問題研究所
※乳児死亡率：生後1年未満の死亡
※新生児死亡率：生後4週未満の死亡

また、側室制度がない日本の皇室では、結局は男系の継承は無理だと主張する人もいるが、そもそもなぜ過去の皇室が側室を必要としたのか知っているのか。理由はずばり、乳児死亡率が高かったためである。子供が生まれたとしても、成人する確率が低かったのだ。

図21の通り、戦前までの日本では、新生児死亡率や乳児死亡率が現在とは比較にならないほど高かった。乳児死亡率が16%。子供が100人生まれたとして、16人が生後1年未満で亡くなる時代だったのだ。

現在の乳児死亡率は、わずか0・2%。皇室で男の子が生まれれば、100%に近い確率で成人する。側室云々を持ち出し、男系の皇統を否定しようとするのは実にナンセンスだ。乳児死亡率や新生児死亡率がゼロに近づいた以上、側室など必要ない。

## 伏見宮家の皇族復帰を

とはいっても、確率の問題で皇統の男子がいなくなってしまうことはありうる。と、男系否定論者は主張してくる。実は、今以上に男系による皇統が危うくなった時期が100年ほど前にあったのだが、ご存じだろうか。明治天皇の御代である。

話は江戸末期にさかのぼるのだが、仁孝《にんこう》天皇（在位1817年－1846年）の7人の皇子のうち、成人したのは孝明《こうめい》天皇のみであった。7人も男の子が生まれたにもかかわらず、1人しか生き延びられなかったのだ。

そして、孝明天皇（在位1846年－1867年）の3人の皇子のうち、成人したのは明治天皇のみ。さらに、信じがたい話だが、明治天皇の5人の皇子のうち、成人したのは大正天皇のみだったのである。

自分の兄弟や皇子が次々に命を失い、明治天皇の心中たるや、まさに狂わんばかりだっただろう。男系による皇位継承に危機感を持った明治天皇は、皇室典範制定に際し、伏見宮家を含む皇族を「永世皇族」とした。明治天皇の考え方は現皇室典範にも引き継がれている。

「第6条　嫡出の皇子及び嫡男系嫡出の皇孫は、男を親王、女を内親王とし、三世以下の嫡男

## 図22 伏見宮家の始まり

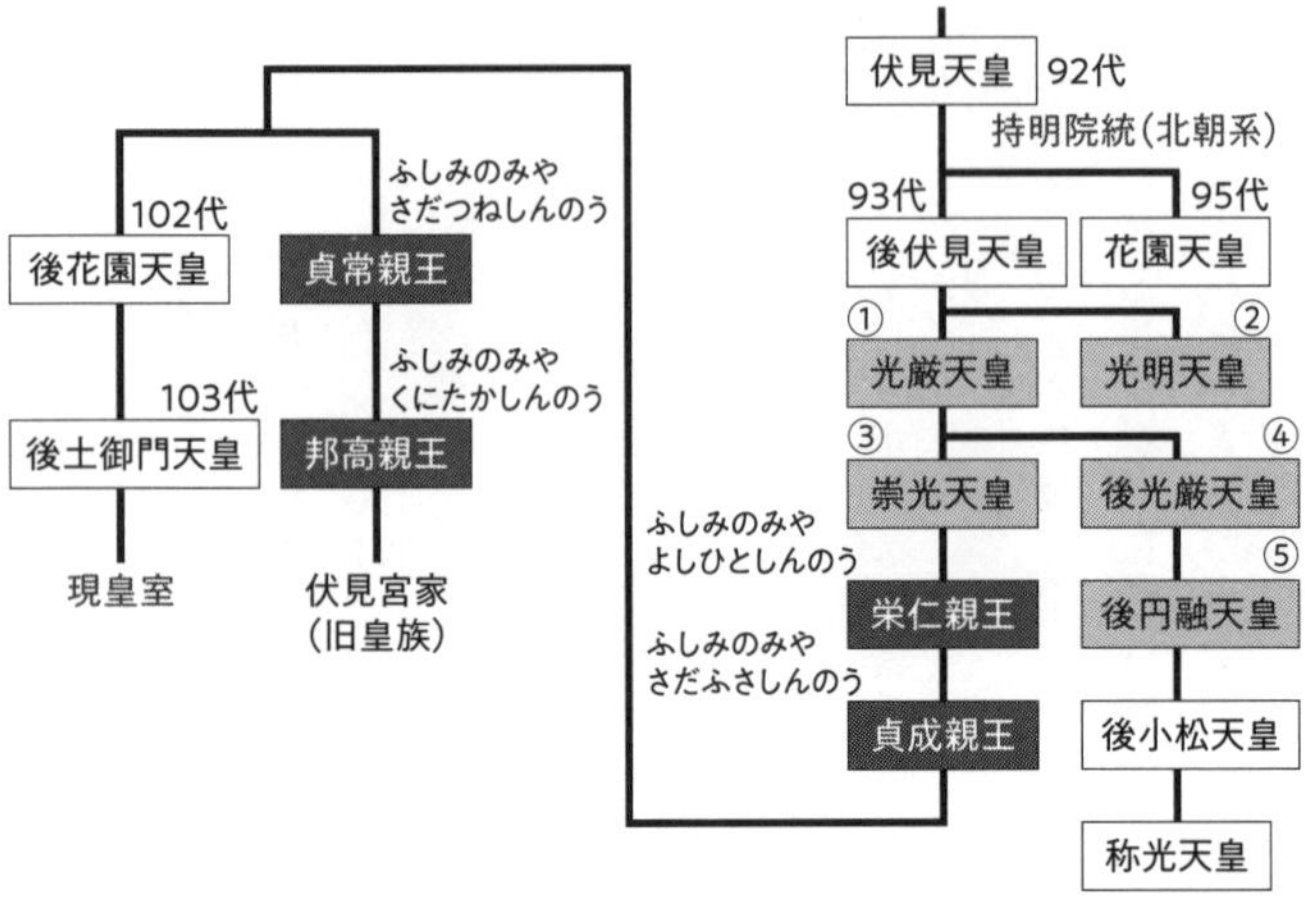


系嫡出の子孫は、男を王、女を女王とする。」

嫡出とは、皇室典範では「男系で天皇の血を引く者」という定義になる。ポイントは、明治天皇が伏見宮家を「永世皇族」であると定めた点である。

伏見宮家とは何か。

話は南北朝時代にまでさかのぼるが、後亀山天皇から三種の神器を譲り受けた後小松天皇の血筋は、息子の称光《しょうこう》天皇の代で途絶えてしまった。皇統は後小松天皇の大叔父にあたる、北朝の崇光《すこう》天皇の血脈に移る。

称光天皇が亡くなると、崇光天皇のひ孫である後花園《ごはなぞの》天皇が即位した。後花園天皇の次が、息子の後土御門《ごつちみかど》天皇になり、現在の皇室につながっている。

さて、後花園天皇の弟に、貞常《さだつね》親王という

人物がいた。

貞常親王、息子の邦高《くにたか》親王以降、室町時代、安土桃山時代、そして江戸時代と、ひたすら男系による相続を続けてきたのが伏見宮家なのである。男系が継続している以上、伏見宮家の人々は、立派に皇位を継ぐ資格があるということになる。

江戸末期の伏見宮当主が、邦家《くにいえ》親王である。明治天皇は、神武天皇から「男系」が続いている伏見宮家の方々についても「永世皇族」と定めたのだ。

邦家親王の男系の子孫が「永世皇族」として立てたのが、伏見宮系11宮家。山階宮《やましなのみや》、賀陽宮《かやのみや》、久邇宮《くにのみや》、梨本宮《なしもとのみや》、朝香宮《あさかのみや》、東久邇宮《ひがしくにのみや》、竹田宮、北白川宮、伏見宮、閑院宮《かんいんのみや》、東伏見宮になる。

ちなみに、久迩宮から出た香淳《こうじゅん》皇后が昭和天皇に嫁いでいる。現皇室ともつながっているため、超名門の皇族といえる。愛子内親王殿下、眞子内親王殿下、佳子内親王殿下、そして悠仁親王殿下は、「女系」では久邇宮の血筋だ。

血縁に恵まれなかった明治天皇は、万が一、自分の血筋が途絶えてしまったときに備え、伏見宮系の11の宮家を皇族と化し、男系の伝統は途絶えないように配慮したのだ。ところが、現在の皇室は秋篠宮家、常陸宮《ひたちのみや》家、三笠宮《みかさのみや》家、高円宮《たかまどのみや》家の四宮家のみとなっている。伏見宮系は1つも残っていない。なぜなのだろうか。

1947年、GHQ（連合国軍最高司令官総司令部）の指令で皇室財産が国庫に帰属させられてしまった。結果的に、皇室は宮家の多くを維持することが不可能になってしまったのだ。もちろん、日本政府が財政により皇室維持費を支出すればいいわけだが、「時代」的に不可能だった。

伏見宮系の11の宮家は維持が不可能になり、皇籍離脱を余儀なくされた。皇室に残されたのは、大正天皇の血統である秩父宮《ちちぶのみや》、高松宮、三笠宮、常陸宮の四宮家のみだった。

つまりは、現在の日本の皇統における「男系の後継者不足」の始まりは、GHQによる皇室財産の剝奪《はくだつ》なのである。無論、当時のGHQは、日本の縦軸のナショナリズムの根幹である「皇統」の断絶を意図したのだろう。

昨今のアメリカが、日本の皇統という「世界最強の伝統」を破壊しようとしているとは思えない。とはいえ、GHQの皇統廃絶路線を「引き継いだ」勢力は間違いなく存在する。もちろん、中国共産党だ。

そもそも、悠仁親王殿下がいる以上、現時点で「男系断絶」につながる可能性がある「女系天皇」「女性宮家」といった議論を始める時点で異常なのである。なぜ、30年後に問題になる「可能性がある（しかも可能性は低い）」問題について、現時点で判断しなければならないのか。悠仁親王殿下が成人し、婚姻し、男子が生まれる可能性は極めて高い。それにもかかわらず、なぜ「現時点」で女系天皇推進は、女性宮家推進派が跋扈《ばっこ》しているのか。もちろん、中国共産党の「日本の縦のナショナリズムを破壊する」という長期戦略があるのだろう。

別に、日本の女系天皇論者や女性宮家を主張している人々が、中国共産党から「カネ」をもらっているとは言わない。とはいえ、彼らが日本国内で女系天皇や女性宮家を主張する結果、日本の縦のナショナリズムが失われ、中国共産党というモンスターを利することになるのは明白な事実だ。女系天皇論者や女性宮家は、本人たちが意識していようがいまいが、間接的に中国共産党のプロパガンダの影響を受けている。その点は、沖縄「独立」論者と同じだ。

沖縄独立運動は、明らかに日本の「横軸のナショナリズム」を破壊するための、中国共産党史観に基づくプロパガンダだ。さらに、日本の男系の皇統を断絶させることは「縦軸のナショナリズム」を崩し、中国共産党を利する。

沖縄独立運動は、史実に基づかない荒唐無稽な「運動」である。さらに、日本国が男系の皇統を維持する方法は、現実にある。なぜ「現実的な解決策」には見向きもせず、女系だの女性宮家だの、ラディカルな解決策ばかりを主張するのか。

すでに解説した通り、悠仁親王殿下の「血脈」で男系の皇統が維持される可能性は高い。それでも「心配」というのであれば、皇籍離脱した伏見宮家の子孫の方々に、皇籍復帰して頂ければいい。それで、話は終わる。

皇室典範の第6条には、以下の条文がある。

『第6条　嫡出の皇子及び嫡男系嫡出の皇孫は、男を親王、女を内親王とし、三世以下の嫡男系嫡出の子孫は、男を王、女を女王とする』

嫡男系嫡出の皇孫とは、要するに神武天皇から引き継がれる子孫という意味である。つまりは、神武男系の伏見宮系の旧宮家の人々には（女性を含めて）皇族たる資格がある。

というわけで、

「このままでは男系の皇統は維持できない！　何とかしなければならない！」

と、主張する人々は、まずは伏見宮系の旧宮家の男系子孫の方々に、

「皇族にお戻りください」

と、お願いしなければならないはずだ。ところが、女系天皇論者からその手の「現実的な解決策」を聞いたことがない。

旧宮家（伏見宮系）の方々に皇族にお戻り頂くと、当然ながら宮家を維持するための予算措置が必要になる。その程度の「カネ」も出さないというのであれば、我が国の亡国は決定的になるだろう。

ちなみに、旧宮家の男子の皆様に既存の4宮家に「養子」に入って頂くという方法もある。この場合は、新たな予算措置は不要だ。

とはいえ、個人的には「養子」手法には反対である。理由は、皇室典範の第9条に、「第9条　天皇及び皇族は、養子をすることができない。」と、あるためだ。つまりは、既存の宮家が養子をとる場合、皇室典範の改訂が必要になってしまう。これは、危険だ。

皇籍離脱された伏見宮系の「子孫」の方々に皇族にお戻り頂くのであれば、特別立法で旧宮家の復活を確認すれば、それで話が終わる。つまりは、皇室典範の変更は不要だ。

それに対し、養子形式の場合は、何しろ皇室典範に「天皇及び皇族は、養子をすることができない」とある。皇室典範の改訂は必須になってしまう。

現在の日本において、皇室典範を変更することは、将来に「凶悪」なる禍根を残す可能性が高い。理由は、今上陛下の「譲位問題」を振り返れば分かる。

## 民主主義の過ちを正すのが「伝統」

2016年7月13日、NHKがいきなり「天皇陛下『生前退位』の意向示される」と報じた。結果的に、政府が特別立法で天皇の「譲位」を認め、平成の御代は「平成30年」で終わることになったのだが、この話は初めから極めて胡散臭《うさんくさ》かった。

そもそも〝生前退位〟とは何なのだろうか。生前退位とは、過去に共産党と公明党しか使ったことがない表現である。なぜ普通に〝譲位〟と表現されなかったのか。

また、皇室典範には「天皇が、精神若しくは身体の重患又は重大な事故により、国事に関する行為をみずからすることができないときは、皇室会議の議により、摂政を置く。」（第16条）とあるにもかかわらず、なぜ譲位ありきで話が進んだのだろうか。さらには、生前退位が問題ある表現として国民に周知された後に至っても、なぜ〝譲位〟ではなく〝退位〟という言葉が使われ続けたのか。

また、譲位後の秋篠宮殿下はなぜ皇太弟ではなく、歴史上、使われたことがない皇嗣殿下と呼ばれるのか。

様々な「謎」があるのである。

まずは理解しなければならない点は、皇室典範に「譲位」の条項はないという事実である。今上陛下の譲位の「お気持ち」を優先するならば、皇室典範を改訂し、譲位条項を書き加えるのが道理となってしまう。

加えて、皇室典範に「皇太弟」の条項はない。皇室典範に、

「第4条　天皇が崩じたときは、皇嗣（天皇の後継ぎ）が、直ちに即位する。」

と、あるため、皇太弟であっても一向に差し支えないわけだが、同時に皇室典範に「皇太弟」の条項を書き加えても構わない。

陛下の譲位問題。譲位後の秋篠宮殿下の呼称。

率直に書くが、現在の我が国には間違いなく、皇室典範を改訂したい勢力が存在する。彼らは、とにかく「一度」皇室典範を改訂し、

「皇室典範は改訂されるもの」

という世論を醸成したいのだ。

安倍政権は皇室典範に譲位の文言がないため、特措法で対応せざるをえなかったが、これは正しい。皇室典範を改訂するよりはマシである。

一度、皇室典範を改訂すると、最終的には、

「第1条　皇位は、皇統に属する男系の男子が、これを継承する。」

の改訂に持ち込まれ、女系天皇の誕生への道筋がつけられてしまう。

女系天皇が成立するとなると、例えば、

「女性天皇と結婚した、アメリカ人男性の子供」

「女性天皇と結婚した、中国人男性との子供」

であっても、天皇の地位に就けるという話になる。アメリカ人とのハーフ、あるいは中国人とのハーフの「天皇」は、本当に「万世一系の日本国天皇」といえるのか。

特に、グローバリズム全盛の昨今では、例えば女性天皇（これは普通にありうる）の配偶者

系の皇統」という世界最強の〝伝統〟は失われてしまう。

「中国系の日本の天皇」

といったブラックジョークが現実になりかねない。少なくとも、神武天皇から連綿と続く「男系の皇統」という世界最強の〝伝統〟は失われてしまう。

皮肉な話だが、現在は日本国の民主主義が「皇統破壊」に加担している。

「天皇陛下御自身がお決めになられたのだから、生前退位は当然」

「天皇陛下はご高齢で、ご公務が難しそうだから、譲位やむなし」

「朝日新聞のアンケート調査では、陛下の譲位支持が過半数を超えた」

「国民の多数派が陛下の譲位を認めているのだから、民主主義国として当然、進めるべき」

この手の論調に賛意を表明する日本人は少なくないのではないか。

上記は全て現代的な価値観における「道理」「理性」に基づく意見であり、今後1000年の歴史的な検証に耐えられる判断であるのかどうかは、〝わからない〟。そもそも、日本国民の〝民主的判断〟は、一度も間違えたことがないのか。

むしろ、民主的判断が「間違えなかった」ケースを探す方が苦労しないだろうか。民主主義は、普通に間違える。

民主主義が間違えたとき、それを是正するのは何だろうか。まさに〝伝統〟の力こそが、民

## 図23 日本と中華人民共和国の「国家の違い」

| | 日本国 | 中華人民共和国 |
|---|---|---|
| 権威 | “祈る人”である天皇。世界最長の皇統を誇る世界最強の権威 | 易姓革命の国であり、新皇帝“習近平”にも中国共産党にも権威はない |
| 政治形態 | 議会制民主主義 | 中国共産党独裁（皇帝制） |
| 君主 | 権威であり、権力はない | 権力者であり、全てを所有する |
| 君主の役割 | 国民のために祈る | 中華秩序の再興 |
| 民族・言語 | 単一民族・単一言語 | 多民族・多言語 |
| 他国支配 | 交易できれば、支配には興味なし | 冊封国化＝属国化 |
| グローバリズム | 天皇や皇統はグローバリズムとの相性が悪い | グローバリズムとの相性は最高（法律を無視でき、民主主義もない） |
| 権力移行 | 権威は一定で権力者のみ変わる | 易姓革命 |
| 言論の自由 | 有り | なし |
| 隣国への認識 | 中国はお隣の人口が多い大きな国 | 日本はかつての中華の冊封体制を最終的にぶち壊した許しがたい世界最長の皇統を誇る絶対的な敵国 |
| ナショナリズム | 以前はあった | 歴史的にない |

主主義の過ちを正すことができる。それにもかかわらず、我々は民主主義により〝伝統〟を破壊しようとしているのである。

### 「両軸のナショナリズム」の回復が中共を撃つ

さて、まとめるが、日本国と中華人民共和国は、文字通り「真逆」の国なのである。正直、日本と中国を同じ「国」という括りでまとめることを疑問に思うほどだ。

図23の通り、日本と中華人民共和国はまさに真逆の国だ。いや、真逆の国だった。

自分たちにないもの全てを持っているがゆえに、中国共産党にとっての「最悪の敵国」は間違いなく日本だ（最強の敵国はアメリカだが）。

中国共産党が、思想的に最も恐れるのは日本なのである。

最悪の敵国を下すためには、相手国の強みを奪い去ればいい。

具体的には、横軸のナショナリズムと縦軸のナショナリズムの双方を奪い去り、二度と回復できないよう叩き潰すことだ。上記をよりミクロな戦術に落とし込むと、

「沖縄の独立」

「男系の皇統の断絶」

を目指せばいいことになる。あるいは、日本国のナショナリズム復活の芽を「軍国主義」「極右」といったレッテル貼りで潰すのだ。

まさに、そのままの戦術で中国共産党は日本国のナショナリズムを破壊しようとしている。しかも、日本国民のナショナリズム破壊は、大東亜戦争敗北後に日本国を占領したGHQが先《せん》鞭《べん》を付けてくれている。GHQに洗脳された日教組や自虐史家たちが、「日本の解体」に向けた道筋を構築した。中国共産党は、その道に乗っただけなのである。

さて、チャイナ・グローバリズムに対する「世界」の戦いが始まった現在、我々日本国民はどうすればいいのだろうか。

別に、難しくない。とりあえずは、横軸のナショナリズム縦軸のナショナリズムを取り戻すのだ。というよりも、2つの軸のナショナリズムが日本国民に戻らない限り、いずれにしても

どうにもならない。

国民同士が助け合うのは、自然災害大国である以上、当たり前だ。

沖縄は古来（縄文時代）より日本国であり、琉球王国とやらが存在したことはない。

日本の皇統は神武天皇以来「男系」で続いており、この〝伝統〟こそが日本国最強の武器である。

この手の「事実」を忘れ、現在の国民同士でいがみ合い、助け合いの精神を失う。あるいは歴史に思いを馳せることもなく、

「天皇？　まあ、何でもいいいんじゃない」

などと、無知識、無教養な意見が国民に広まり、横軸、縦軸のナショナリズムが消滅したとき、我が国はめでたく中国共産党の属国に落ちぶれる。

繰り返すが、経済とは横軸のナショナリズムの話であり、歴史は縦軸のナショナリズムの基盤だ。経済と歴史。日本国民は、中国共産党の脅威をはねのけるために、早急に経済と歴史に関する「正しい知識」を身につけなければならない。

だからこそ、本書は歴史を古代、中世より読み解き、現代の経済と関連して語るという地政経済学的手法を採用した。本書が日本国民の「両軸のナショナリズム」の回復に寄与し、中国の属国という悪夢の未来を回避するための一助になることを願ってやまない。

## 参考文献


ポール・ケネディ『大国の興亡』（草思社）
サミュエル・ハンチントン『文明の衝突』（集英社）
梅棹忠夫『文明の生態史観』（中公クラシックス）
梅棹忠夫『狩猟と遊牧の世界』（講談社学術文庫）
竹村公太郎『日本史の謎は「地形」で解ける』（ＰＨＰ文庫）
鈴木孝夫『日本人はなぜ日本を愛せないのか』（新潮選書）
仲村覚『沖縄はいつから日本なのか』（ハート出版）
岩村忍『文明の十字路＝中央アジアの歴史』（講談社学術文庫）
宮崎正弘『習近平の死角』（育鵬社）
河添恵子『トランプが中国の夢を終わらせる』（ワニブックス）
産経新聞社取材『神武天皇はたしかに存在した』（産経新聞出版）
服部英雄『蒙古襲来と神風』（中公新書）
四日市康博（編・著）『モノからみた海域アジア史』（九州大学出版会）
岡田英弘『世界史の誕生』（ちくま文庫）
杉山正明『モンゴル帝国と長いその後』（講談社学術文庫）
林俊男『スキタイと匈奴　遊牧の文明』（講談社学術文庫）
杉山正明『遊牧民から見た世界史』（日経ビジネス人文庫）
フィリップ・コンラ『レコンキスタの歴史』（白水社）
谷田川惣『皇統断絶計画―女性宮家創設の真実』（チャンネル桜叢書）
谷田川惣『皇統は万世一系である』（日新報道）
長浜浩明『古代日本「謎」の時代を解き明かす』（展転社）

[略歴]

三橋貴明（みつはし　たかあき）

経世論研究所・所長。1969年生まれ。東京都立大学（現・首都大学東京）経済学部卒業。外資系IT企業等数社に勤務した後、中小企業診断士として独立。大手インターネット掲示板での、韓国経済に対する詳細な分析が話題を呼び、2007年に『本当はヤバイ！韓国経済』（彩図社）を出版、ベストセラーとなる。以後、立て続けに話題作を生み出し続けている。データに基づいた経済理論が高い評価を得ており、デフレ脱却のための公共投資推進、反増税、反TPPの理論的支柱として注目されている。著書に『超・技術革命で世界最強となる日本（徳間書店）、『財務省が日本を滅ぼす』（小学館）、『生産性向上だけを考えれば日本経済は大復活するシンギュラリティの時代へ』（彩図社）、『世界非常事態宣言』（渡邉哲也氏との共著、ビジネス社）など多数。

帝国対民主国家の最終戦争が始まる

2018年11月1日　　　　第1刷発行

著　者　三橋貴明

発行者　唐津 隆

発行所　株式会社ビジネス社

〒162-0805　東京都新宿区矢来町114番地 神楽坂高橋ビル5F
電話　03(5227)1602　FAX　03(5227)1603
http://www.business-sha.co.jp

〈装幀〉大谷昌稔　〈本文組版〉エムアンドケイ　茂呂田剛
〈印刷・製本〉中央精版印刷株式会社
〈編集担当〉佐藤春生　〈営業担当〉山口健志


ISBN978-4-8284-2059-2